¿Qué hay después de la muerte?

Divulgación

Emilio Carrillo
Con la colaboración de Francesc Prims

¿Qué hay después de la muerte?

Todo lo que debes saber sobre
la vida en el «más allá»

mr · ediciones

Obra editada en colaboración con Editorial Planeta – España

Diseño de la portada: Booket / Área Editorial Grupo Planeta
Imagen de la portada: Shutterstock

Bajo el sello editorial PAIDÓS M.R.
Avenida Presidente Masarik núm. 111,
Piso 2, Polanco V Sección, Miguel Hidalgo
C.P. 11560, Ciudad de México
www.planetadelibros.com.mx
www.paidos.com.mx

Primera edición impresa en España en Colección Booket: octubre de 2023
ISBN: 978-84-270-5188-1

Primera edición impresa en México en Booket: octubre de 2024
ISBN: 978-607-569-820-5

Impreso en Operadora Quitresa S.A. de C.V.
Goma 167, Granjas Mexico, Iztacalco,
Ciudad de México, C.P. 08400
Impreso en México - *Printed in Mexico*

Biografía

Emilio Carrillo es escritor (77 libros publicados) y conferencista (más de 900 ponencias en 23 países de los cinco continentes) y se centra en la expansión de la consciencia y la espiritualidad. Ha ejercido una amplia labor académica, política y de gestión en Desarrollo Económico y Territorial y Hacienda Pública como economista, experto internacional en Desarrollo Local por Naciones Unidas y funcionario del cuerpo de técnicos de la Administración General. En la actualidad, dirige La Academia de la Consciencia y el proyecto de investigación «Consciencia y Sociedad Distópica», además de impartir clases de consciencia y espiritualidad en másteres y cursos de experto universitario en Barcelona, Madrid, Sevilla y Valencia. Gestiona el blog *El Cielo en la Tierra*, que cuenta con casi diez millones de visitas directas:

 https://emiliocarrillobenito.blogspot.com

Francesc Prims Terradas es filólogo, redactor, articulista, conferencista, entrevistador, técnico editorial y autor de los libros Nuevos paradigmas (2015) y *Realiza tu potencial, vol. 1* (2022). Además, es coautor, con Emilio Carrillo, de los libros *Conócete a ti mismo* (2019) y *El habitante del mundo nuevo* (2021).

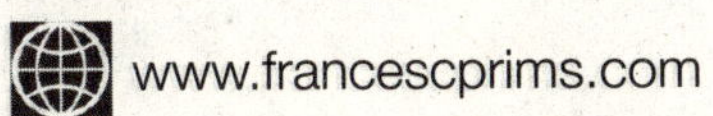
www.francescprims.com

A Lola y Yolanda.

A Antonio López.

A todos los que han pasado al otro lado.

A todos los que, inevitablemente, habrán de hacerlo.

Índice

Introducción

La muerte es un imposible: es un fantasma de la imaginación humana; solo eso. La Vida es Una y tiene muchas manifestaciones en diversos planos y realidades.

La vida física es uno de esos planos, pero existen otros por los que la vida —la tuya, la mía, la de todos— discurre tanto antes como después de que nos encarnemos como seres humanos. De hecho, son numerosas las evidencias que muestran que hay vida tras la vida.

El libro que tienes en tus manos bebe de dichas evidencias, y pone a tu alcance, de manera tan profunda como sencilla, casos y experiencias prácticas de vida post mórtem y un amplio conjunto de reflexiones y consideraciones que te acercarán al conocimiento preciso de lo que viven las personas una vez que han fallecido físicamente.

Para abordar y desarrollar de manera adecuada estos contenidos, el texto se divide en tres grandes partes. La primera, estructurada en dos capítulos, se dirige a analizar la verdadera naturaleza de lo que llamamos «muerte».

La lectura del primer capítulo te servirá para comprender las paradojas y las contradicciones de la visión materialista de la vida —que se manifiesta convencida, sin pruebas reales que lo avalen, de que tras la defunción no hay nada— y las hondas raíces y la grandeza de la percepción transcendente de la existencia que sostiene que hay vida después de la vida.

La visión transcendente ha sido argumentada y defendida por los sabios de todas las épocas y culturas, personajes excepcionales unánimemente reconocidos como faros de luz en la evolución de la humanidad a lo largo de la historia. Ello servirá de antesala para invitarte a recapacitar sobre la muerte para gozar la vida, pues el miedo a la primera provoca también el miedo a la segunda e impide vivirla con plenitud.

Para ello, nos acercaremos al genuino ciclo de la vida —nacimiento, muerte y resurrección—, nos detendremos en las fuentes que nos permiten saber lo que nos espera tras la muerte y examinaremos, en particular, las denominadas experiencias cercanas a la muerte (ECM), de las que estas páginas recogen casos reales narrados en primera persona por sus protagonistas; el mío entre ellos.

El capítulo dos se centra en el estudio de los componentes del ser humano para discernir con detalle qué le ocurre a cada uno de ellos cuando acontece el fallecimiento. A este respecto, me gusta resaltar que somos «coche» y «Conductor», es decir, un yo físico, mental y emocional de carácter transitorio y efímero que es usado por el «Conductor» —lo que realmente somos, el auténtico ser de naturaleza eterna— como vehículo para tener la vivencia humana.

San Pablo distinguió tres componentes y señaló que somos cuerpo —equivalente al «coche» del símil anterior—, alma y espíritu —ambos conformarían el «Conductor»—. No obstante, el libro ahonda en este asunto de mano de la llamada constitución septenaria del ser humano. Dicho enfoque distingue siete principios o «cuerpos» en las personas: el físico, el etérico, el emocional, el mental, el causal o alma humana, el búddhico o alma universal y el átmico o espíritu. Los cuatro primeros conforman el «coche» o personalidad, el cual tiene carácter perecedero; mientras que los tres últimos configuran el «Conductor», nuestro Yo Superior, que es imperecedero.

Después de conocido esto, estamos en condiciones de adentrarnos en la segunda parte del libro, centrada en el denominado tránsito, es decir, en el espacio o estado intermedio que hay entre la vida física y el plano de luz —el cielo de los cristianos, el Devachán de las religiones orientales, etc.—.

El tercer capítulo tiene como telón de fondo el conocimiento de que no es casual ni el momento en el que acontece el fallecimiento físico, ni el modo en el que se produce, ni el hecho de que este tenga lugar de manera individual o en el marco de muertes grupales —cuando por accidente o cualquier otra circunstancia son varias o muchas las personas que fallecen a la vez—. A partir de ahí, tanto de manera teórica como con la exposición de experiencias reales, se examinan las formas de desencarnar, las prácticas asociadas a una «buena muerte», la forma en la que se abandona el cuerpo físico, la importancia del estado de consciencia que se tenga antes del óbito —será el mismo con el que arranque el proceso del tránsito— y lo que se vive inmediatamente después del fallecimiento.

El cuarto capítulo analiza los contenidos y las características de la fase del tránsito y lo que hace falta para salir de ella y acceder al plano de luz. Se distingue entre lo que les acontece a las personas que, en el sentido consciencial y espiritual, se han trabajado a sí mismas, lo que les ocurre a las que no lo han hecho y lo que les sucede a las que, además de no haberse ocupado de su trabajo interior, han llevado una vida perversa y llena de egoísmo. No en balde, la experiencia que va a tener el desencarnado en el tránsito guarda relación directa con el mayor o menor trabajo interior que haya llevado a cabo durante la vida física. De ello depende que se percate de que ha muerto físicamente o tarde en darse cuenta de ello, y el hecho de que acepte o no haber fallecido —estos factores, a su vez, determinarán que permanezca más o menos tiempo «atascado» en el proceso del tránsito—. La casuística en relación con todo ello es muy amplia y se ilustra en el texto con el relato de diversos casos prácticos.

Basándonos en lo dicho, el capítulo cinco profundiza en los desencarnados que se demoran en la fase del tránsito y que, desde ese espacio, quieren permanecer conectados con el plano físico que abandonaron al fallecer y seguir interactuando con este. Se expone la manera en que se puede ayudarlos para que avancen hacia el plano de luz, lo cual hace que el libro se adentre en el apasionante tema de la comunicación con el más allá. En este contexto se recogen un buen número de experiencias que facilitan una mejor comprensión al respecto.

Por último, la tercera parte se centra en el plano de luz o Devachán que nos espera más allá del tránsito. Y lo hace a través de cuatro capítulos. El sexto arranca respondiendo afirmativamente a la cuestión de si podemos en realidad tener información sobre el plano de luz y se adentra después en el primer nivel del Devachán: cómo es, cómo se vive allí y cómo en él se satisfacen anhelos vitales que quedaron sin resolver en la vida física que se ha dejado atrás. El séptimo trata de la comunicación desde el plano físico con el Devachán: ¿quién contacta con quién? Y muestra una batería de experiencias, incluidas las aportadas en el marco del llamado «vuelo de la mariposa», que nos informan acerca de esa comunicación con el Devachán. Las experiencias que se presentan coadyuvan, además, a tener un mejor conocimiento de lo que se vive en el plano de luz.

El octavo capítulo se ocupa del nivel superior del Devachán, donde tiene lugar la integración y evaluación en consciencia de las experiencias vividas en el plano físico. Ello sirve de fundamento para plantearse el tema de la reencarnación, es decir, la vuelta al plano humano para desarrollar una nueva vida física. En cada «vida» tenemos un conjunto de experiencias que impulsan el proceso de evolución consciencial y espiritual. En este contexto, se analizan también los denominados «pactos de amor entre almas».

Por fin, el capítulo nueve cierra el libro en su conjunto ahondando en la vida y en la muerte como una alternancia necesaria, en el papel del karma y en el significado del nirvana.

Agradecimientos

Como se deduce de la breve sinopsis de los contenidos de los distintos capítulos y partes del libro de la Introducción, destaca la presencia de numerosas experiencias reales que contribuyen a aclarar y afianzar los contenidos y las conclusiones que se exponen. Por ello, ha sido fundamental el papel de Francesc Prims, que ha recopilado, ordenado y sistematizado tales casos, y de las personas que generosa y desinteresadamente los han aportado.

En lo que respecta a Francesc, dado el elevado número de experiencias que el texto recoge y que él ha tratado de manera magistral, ha de ser considerado como coautor de este libro. Le estoy profundamente agradecido por ello. Su experiencia, tanto en el terreno editorial como en el ámbito del crecimiento personal, ofrece una combinación estupenda a la hora de efectuar aportaciones a una obra de estas características. Ha sido un verdadero placer trabajar con él y aprender de su labor tan sabia como entusiasta y esmerada.

En cuanto a quienes han colaborado proporcionando los casos prácticos son fundamentalmente Malú Zamora, Lourdes Tornos, Perséfone —seudónimo— y José Luis de la Rica.

Malú Zamora me autorizó a reproducir los casos que recopiló junto con Javier Jorge en un magnífico reportaje titulado «10 experiencias cercanas a la muerte» en el diario digital *El Español*. El reportaje vio la luz el día 31 de octubre de 2016. Agradezco a

Malú y al diario su autorización para incluirlos en el marco de este libro. Los encontrarás en el capítulo uno.

Los otros tres colaboradores han proporcionado casos y explicaciones específicamente para este libro. Lourdes Tornos es médico homeópata, y fue precisamente la homeopatía clásica unicista la que, en 1984, la hizo abrirse en consciencia a los mundos holísticos y a miras más amplias en relación con todo «lo humano». Desde 1995, coincidiendo con el nacimiento de su segunda hija, empezó a tener la capacidad de conectar con los planos astrales y las almas; estas conexiones fueron haciéndose habituales, primero en su vida privada, y luego en la atención a los pacientes. En 1998 se abrieron para ella nuevas perspectivas hacia la multidimensionalidad y pasó a conectar con las vidas pasadas y los registros akáshicos. Fue cultivando también otras disciplinas como la meditación, el silencio y las constelaciones familiares de Bert Hellinger. Actualmente, y desde hace años, organiza meditaciones, talleres y retiros de sanación y apertura de la consciencia.

La persona que hay detrás del seudónimo Perséfone prefiere mantenerse en el anonimato para compartir sus casos con libertad. Perséfone es terapeuta, cuenta con una especialización en duelo y, además, es profesora de adultos. Tiene la capacidad de ver las almas de las personas fallecidas y hablar con ellas. Se autodefine como «barquera», conclusión a la que ha llegado después de un proceso de autodescubrimiento personal acontecido a través de las distintas experiencias de vida que ha tenido en los últimos años.

Los barqueros son personas que ayudan a las almas desencarnadas a llegar «al otro plano» a través del estadio intermedio conocido como tránsito. Perséfone comenzó atendiendo a almas desencarnadas que se le iban presentando de varias maneras; posteriormente, y como añadido, desde el otro lado le pidieron que ayudara también a los vivos, ya que estando vivo es como se pueden resolver las dificultades que tiene una vida. Es por esto por lo que decidió comenzar sus estudios de especialización en el tratamiento de las personas que están pasando por el duelo.

José Luis de la Rica se define como «la persona más normal del mundo». Está convencido de que sería un individuo de lo más común si no fuese porque dos experiencias trastocaron su vida: la muerte de su hija y la de su hijo en edades tempranas —con doce y treinta y un años, respectivamente—. Cuando murió primero su hija, Elena, esta se manifestó por medio de diversas señales. José Luis pasó por el duelo correspondiente, pero pudo superar su sufrimiento tras constatar que el contacto con los seres que están en el más allá no solo es posible, sino que resulta enormemente enriquecedor, transformador incluso.

Como expresó en el primer correo electrónico que me envió, a raíz del cual nos conocimos: «El vínculo afectivo con el que se nos han adelantado en el paso a la otra dimensión es una fuerza, una energía real, que nos mantiene unidos y de cuyos efectos podemos hacernos conscientes. Esto es posible gracias a la fuerza del amor, que todo lo une y fortalece».

José Luis de la Rica llegó a articular una práctica de contacto profundo con los seres fallecidos que puso a disposición de las personas interesadas. La bautizó como «el vuelo de la mariposa». Lleva ya catorce años dirigiendo estas prácticas.

Lourdes Tornos, Perséfone y José Luis de la Rica han dedicado tiempo y esfuerzos a colaborar en esta obra, con lo cual quiero expresarles un agradecimiento muy especial. Cabe mencionar que los datos identificativos de los testimonios proporcionados por ellos han sido alterados, excepto cuando se indica lo contrario.

Puedes encontrar a Lourdes Tornos en www.samakhanda.com y a José Luis de la Rica en www.elvuelodelamariposa.eu.

La verdadera naturaleza de la «muerte»

1
La muerte, el tránsito y el plano de luz

Mi experiencia tuvo lugar en una tarde de noviembre de hace ya más de siete años, en la UCI de un hospital de Sevilla. En ese momento tenía cincuenta y dos años. Una caída bajando un monte me provocó una fractura de peroné; esta, a su vez, una trombosis; y esta, finalmente, un infarto pulmonar. A ello se sumó un erróneo diagnóstico inicial del infarto como una mera neumonía y la aparición de nuevos trombos en la vena femoral. A las veinticuatro horas de haber ingresado en la UCI, mi situación era límite.

Lo que sentí durante esas casi dos horas de nuestro tiempo sería muy extenso de compartir en palabras, pero voy a intentar sintetizar mi experiencia.

* * *

«Vi mi cuerpo físico desde fuera del mismo».
29 de noviembre de 2010.

Estaba tendido en la cama boca arriba, mientras que yo «flotaba» y observaba todo lo que ocurría a mi alrededor.

De inmediato, contemplé con todo lujo de detalles la vida entera que dejaba atrás. Todos y cada uno de los hechos y circunstancias vividos durante mis cincuenta y dos años, sin excepción, y no de manera parcial o resumida, sino ordenada y pormenorizada. No como una película o sucesión de fotogramas que se proyectaran ante mí, sino íntegramente y de forma simultánea.

Esta visión me proporcionó la constatación de que en la vida todo tiene su porqué, su para qué y su sentido profundo, que todo encaja de manera armónica. No hay ninguna pieza suelta o fuera de lugar en el puzle de la vida.

Seguidamente vi y sentí que estaba acompañado por seres de luz. Pronto estos tomaron un aspecto reconocible como los que encarnados habían sido mi padre, mi madre y varios hermanos de esta, todos fallecidos años atrás.

Fue mi madre la que tomó la iniciativa de comunicarse conmigo; me preguntó si me encontraba tranquilo y en paz. No fue una comunicación verbal, pero sí percibí su mensaje; y también yo pude comunicarme con ellos.

Curiosamente, entre los seres de luz se encontraba una hermana de mi madre que no había fallecido, o al menos eso creía yo en ese momento. Luego me informaron de que había muerto mientras yo estaba ingresado en la UCI.

Por fin, tras verme tan bien acompañado, advertí a escasos metros un soberbio túnel de luz resplandeciente en posición horizontal, sin pendiente alguna. Era refulgente y casi deslumbrante. Supe que era la entrada hacia el «más allá». Casi al final del túnel tuve un contacto con una forma energética que solo desprendía armonía y un amor inmenso.

Esa forma, tal como la percibí, tomó la apariencia de Cristo Jesús. Me tendió sus manos de luz y las entrelazó con las mías, y generó en mi ser una experiencia de gozo inenarrable. ¿Por qué volví a mi cuerpo físico? Fue como consecuencia de este encuentro y de la comunicación que ahí se estableció. Esa apariencia me confirmó que volvería a la vida física para hacer «algo» que solo descubriría transcurrido cierto tiempo.

* * *

Este es el testimonio de mi experiencia cercana a la muerte. Fue incluido en el reportaje que publicó el periódico digital *El Español* en 2016, al que me refiero en el apartado de Agradecimientos.

Efectivamente, hay vida más allá de la muerte. Las personas que pueden vivirlo y «regresar» hablan de una experiencia positiva, siempre impactante, que de algún modo altera —para mejor— su posición frente a la existencia. Aunque tú no hayas pasado por algo así, tener conocimiento respecto a la mal denominada «muerte» y sus repercusiones puede inducirte a vivir la vida con mayor plenitud y consciencia.

La visión materialista y la espiritual

Dos perspectivas antagónicas

Mira tu vida y observa cómo en ella, al igual que en la de cualquier otro ser humano, se mantienen siempre abiertas y a tu disposición dos grandes opciones en cuanto a la forma de concebir la existencia —es decir, en cuanto a la forma de entender y manifestar el célebre quién soy, de dónde vengo y adónde voy—. Las enciclopedias acostumbran a denominar estas dos grandes opciones filosofía utilitarista o materialista, por un lado, y filosofía espiritual o transcendente, por otro.

La primera postula que tu existencia viene enteramente definida por tu «yo» físico, emocional y mental. Esto tiene dos consecuencias directas: una, que el conocimiento que tienes de ti y de tus actos viene dado por la identificación con ese «yo» y la personalidad a él asociada. La segunda consecuencia es que tu capacidad para reconocer la realidad circundante e interactuar con ella se basa en el uso de tus sentidos corpóreo-mentales: desde tu punto de vista, estos son los únicos instrumentos que posees para ver, comprender e interpretar una vida que, en lo que a ti respecta, arrancó cuando naciste y concluirá cuando fallezcas.

Si algo caracteriza a la filosofía materialista es su simplicidad. Esto constituye su principal atractivo: no tienes que hallar la respuesta a preguntas metafísicas, ni poner interés en nada que no sea el mundo material que te rodea. Con estas premisas, el sentido de la existencia es muy sencillo: consiste en levantarte cada mañana hasta que, un mal día, ya no te levantas más. Y ahí acabó todo.

La otra filosofía, la transcendente, puede parecer más farragosa. Enunciado de manera escueta podemos decir que te induce a plantearte cuestiones profundas que han de ser dilucidadas por medios que van más allá de los sentidos puramente físicos. Esto requiere que otees dentro de ti con el fin de superar las barreras inherentes a tu «yo» materialista. La mayoría de las personas consideran que es inconveniente y molesto aventurarse por estos vericuetos.

Pero esto no es todo. Para colmo, la filosofía transcendente asegura que cuando acontezca eso que llamas muerte, tú, lo que realmente eres, no morirá. Esta posibilidad resulta prometedora y tentadora, pero también engorrosa: si la aceptas, deberás dedicar atención y tiempo a asuntos que no forman parte del hilo conductor materialista de la vida cotidiana. Este hilo viene impuesto por la sociedad y has ajustado a él buena parte de tus hábitos y pautas vitales, emocionales y mentales.

Las dos grandes opciones y visiones están abiertas ante ti, como decía al principio. E, ineludiblemente, no puedes hacer otra cosa que escoger una de las dos. Se trata de una decisión fundamental. Aunque no te des cuenta es la elección más importante de tu vida. De hecho, la llevas a cabo todos los días, seas o no consciente de ello. Ahora bien, porque se trata de una decisión de tanto calado, te invito a que la tomes intencionadamente.

Nadie puede ayudarte a efectuar esta elección. Yo tampoco. Lo único que está en mi mano es mostrarte por una parte la paradoja en que se halla sumida la filosofía materialista, y por la otra recordarte las hondas raíces con que cuenta la filosofía transcendente, que tiene un firme arraigo en la historia de la humanidad.

La paradoja de la filosofía materialista

Aunque sus partidarios no se aperciban de ello, la filosofía materialista está inmersa en una paradoja flagrante: la de no ser capaz de asumir ni digerir las consecuencias e implicaciones de las conclusiones a las que ella misma llega. Esto es contrario a toda lógica.

Valga un botón de muestra: las investigaciones científicas, de las que la filosofía materialista se jacta de beber, describen un universo infinito que tiene, según los cálculos más recientes, una edad aproximada de trece mil ochocientos millones de años. A la par, señalan que el ser humano —el *Homo sapiens*— apareció hace unos doscientos mil años. Siendo esto así, la filosofía materialista, que solo concibe la dimensión física de las personas, debería inferir que la humanidad casi carece de valor e importancia para la naturaleza: ¿qué son unas pocas decenas de miles de años sobre un pequeño planeta en comparación con la vida de un cosmos tan longevo e ilimitado? Esto es aún más obvio si lo que se toma en consideración es un solo ser humano: si la filosofía materialista fuera coherente con sus propias premisas y conclusiones, el significado de tu vida, así como la de cada uno de tus congéneres, se reduciría prácticamente a cero.

Sin embargo, en lugar de hacer gala de esa coherencia y, a partir de ahí, revestirse quizá de modestia y abrir las puertas del discernimiento a otras tesis y orientaciones, el materialismo se encierra en sí mismo y se atrinchera en la prepotencia: sublima la condición humana hasta el grado cómico de considerarla la única forma de vida inteligente. Eleva a la categoría de verdades absolutas —sobre la vida, la naturaleza, el cosmos...— las conclusiones obtenidas a partir de unas pocas evidencias en cuanto a un número reducido de fenómenos —observados mediante instrumentos exclusivamente físicos, que adolecen de grandes limitaciones—. Por ello, sus fundamentos empíricos son muy frágiles. No obstante, defiende y difunde puntos de vista categóricos y excluyentes construidos sobre estos cimientos. Y la filosofía materialista hace algo más: descalifica los abrumadores testimonios de innumerables sabios y místicos de todos los tiempos que abogan por la existencia de una vida no física y de otros mundos más sutiles —entraremos en ello inmediatamente—.

Si utilizamos los instrumentos analíticos que nos proporciona la psicología moderna, resulta fácil percatarnos de que esta prepotencia y este dogmatismo no constituyen más que una huida hacia delante. Efectivamente, la filosofía materialista emprende esta escapada para no reconocer sus propias carencias y contradicciones y, sobre todo, para evitar afrontar algo obvio: el hecho de que la colosal inmensidad del escenario cósmico en que la vida se despliega es una invitación constante a sopesar seriamente y con rigor la posibilidad de que la existencia humana consista en algo más que en la vida física.

Las hondas raíces de la filosofía transcendente

Por todo lo enunciado, las diferencias entre la filosofía materialista y la transcendente no radican en que los pilares de la primera sean las demostraciones objetivas y los de la segunda, las percepciones subjetivas. Esta argumentación constituye una falacia; máxime cuando la ciencia contemporánea está demostrando que el conocimiento del mundo objetivo es de carácter eminentemente subjetivo.

Entonces, ¿qué es lo que distingue la una de la otra? Pues la consideración en que se tiene al ser humano. Una de ellas afirma que el hombre no es más que un animal evolucionado. La segunda, que es un ser espiritual encarnado en este plano material. Al hilo de ello, esto es lo que identifica a la filosofía transcendente: la visión del ser humano como algo más que un ente físico y temporal que, según la filosofía materialista, no goza de consistencia alguna en el marco de una vida que se expande por un cosmos ilimitado.

La visión transcendente no ha cesado de alentar a la humanidad a formularse las grandes preguntas de la existencia y tratar de resolverlas en lugar de permanecer sumergida en la consecución de unas metas triviales y en el sota, caballo y rey del mundo y la vida materiales. Se trata de buscar algo más de lo que podemos observar a simple vista.

Este algo más es lo que da sentido y valor a la vida de cada cual. También aporta la perspectiva que precisamos para comprender los acontecimientos que vemos desplegarse en el tiempo y en el espacio. Asimismo, configura el eje medular en torno al cual giran la religión, la filosofía y la ciencia; pues las tres comparten la misma meta: poner de manifiesto la realidad que está más allá de lo material, la que constituye la esencia de la existencia y del universo.

Que la espiritualidad, la filosofía y la ciencia hayan venido desplegando históricamente sus esfuerzos en compartimentos estancos se ha debido a los planteamientos y posicionamientos dogmáticos, ortodoxos y excluyentes que cada una han exhibido. Ahora bien, esto no es óbice para reconocer que sus empeños son complementarios. Desde la filosofía transcendente se ha entendido siempre así y se constata que la síntesis de la religión, la filosofía y la ciencia es la más grande que podamos concebir y encierra la mayor carga de posibilidades beneficiosas para el género humano.

Con este telón de fondo, la filosofía transcendente se ha ido construyendo sobre las reflexiones, indagaciones, experiencias y aportaciones espirituales, filosóficas y científicas que, desde tiempos remotos y hasta la actualidad, han realizado personas que la historia reconoce y acredita como sobresalientes. Ellas atesoraron y compartieron una sabiduría y una visión universal de la vida y la existencia que rompieron las barreras temporales de sus respectivos contextos históricos.

Estas personas excepcionales estuvieron ya presentes en civilizaciones tan antiguas como las mesopotámicas —de Sumeria a Babilonia— y la India y el Egipto arcaicos. De su mano, con el paso del tiempo, florecieron el hermetismo y las llamadas escuelas de misterios que proliferaron en numerosas partes del mundo, especialmente en Oriente Medio y Europa.

Posteriormente, surgieron los grandes pensadores que en la Grecia clásica y en Asia Menor crearon lo que hoy se entiende como filosofía. Más tarde, en Roma y Alejandría hubo personajes que aportaron el conocimiento neoplatónico y gnóstico. Todo el bagaje mencionado, junto con la alquimia, la cábala y la mística de las grandes religiones, enlazó con el posterior desarrollo del pensamiento abstracto y práctico tanto en el mundo árabe como europeo; en este último llegó hasta el Renacimiento y la Ilustración.

Hoy sabemos los nombres de muchos de estos personajes insignes —sabios, instructores espirituales, creadores de las religiones, gigantes del pensamiento y de la ciencia…— que desde Sumeria hasta el presente han configurado la filosofía transcendente y una sabiduría sin edad. Y hay nombres que no aparecen en las enciclopedias por haberse perdido su rastro. Todos ellos, viviendo en períodos muy distintos y en lugares muy distantes, han dejado una profunda huella en el devenir de la humanidad y le dieron las bases fundamentales de su actual acervo y patrimonio transcendente y cultural.

He aquí algunos de los nombres más famosos; una muy pequeña muestra del total —por orden alfabético—: Aristóteles, Arquímedes, Averroes, Blavatsky, Cicerón, Confucio, Copérnico, Dante, Descartes, Eckhart, Edison, Einstein, Erasmo, Francisco de Asís, Franklin, Galileo, Gandhi, Gautama Buda, Goethe, Hegel, Heráclito, Hermes Trismegisto, Jesús de Nazaret, Juan de la Cruz, Jung, Kant, Kepler, Lao-Tse, Leibniz, Leonardo da Vinci, Newton, Paracelso, Parménides, Pascal, Pitágoras, Platón, Rumi, Séneca, Sócrates, Spinoza, Tales de Mileto, Teresa de Jesús, Tomás de Aquino.

Si toda esta gente, personas auténticamente excepcionales de todas las épocas y culturas, genuinos y reconocidos faros de luz para la evolución de la humanidad, si todas ellas sin excepción han coincidido en una visión transcendente de la existencia, ¿no constituirá ello la prueba irrefutable de la veracidad de tal visión? ¿O es que todos esos individuos estaban equivocados al respecto? Si lo estuvieron, también fueron erróneas el resto de sus aportaciones, que se nutrían directamente de sus percepciones de lo transcendente. Ello supondría poner en entredicho los cimientos sobre los que se asienta la civilización humana.

Para divulgar sus enseñanzas, todas esas personas conformaron grupos, fundaron escuelas, escribieron textos, viajaron, mantuvieron encuentros con gente muy distinta… Así, a menudo sin pretenderlo, dieron lugar a las tradiciones religiosas, filosóficas y científicas más extendidas y reconocidas. Todas estas, sin excepción, beben de la misma sabiduría, la cual recorre, como una corriente perenne, la historia de la humanidad. Se trata de una sabiduría sin edad que ha nutrido y promovido la evolución en consciencia del género humano. Y sigue haciéndolo.

Vida y muerte: dos caras de la misma moneda

El ciclo de la vida, la muerte y la resurrección en la naturaleza y en la existencia humana

Entrando de lleno en lo que es el objeto de estas páginas, resulta que la muerte y la vida más allá de la vida, con todo lo que implica y conlleva, han sido siempre un elemento central en el seno de la sabiduría mencionada. Por ejemplo, si miramos hacia atrás en la historia, cabe recordar el mito egipcio más afamado y significativo: el que gira en torno a Osiris, rey de Egipto y esposo de Isis. Relatado por Plutarco, aunque cuenta con muchas variantes, narra cómo Osiris fue asesinado por su hermano Seth, quien troceó en catorce pedazos el cuerpo del fallecido y los esparció por todo el reino. Sin embargo, Isis —diosa de la materia, la alquimia y la regeneración— recuperó amorosamente los miembros y, con la ayuda de su hijo adoptivo Anubis, reconfiguró y embalsamó el cuerpo con el fin de insuflarle vida después. Tras ello, Osiris e Isis tuvieron un hijo, Horus, quien vengó el asesinato de su padre; recuperó el trono y desterró a Seth al desierto. A su vez, Osiris pasó a ser el rey y dios de los muertos, y el símbolo de la redención y la resurrección. En conmemoración de todo ello se celebraban los misterios de Osiris en Abidos, que incluían una procesión funeraria, el viaje en barca y la resurrección al tercer día, con la consiguiente transfiguración —el viaje en barca ponía de manifiesto el hecho de que, tras la muerte, hay que atravesar un «río», esto es, una fase o estado intermedio para pasar de la «orilla» que es la vida física a la «orilla» que es la vida en el otro plano. En cuanto a la resurrección al tercer día, constituye un claro antecedente de los misterios de la muerte y resurrección de Jesús en el seno del cristianismo—.

Este mito refleja metafóricamente la toma de consciencia y la transformación que ello implica, cuestiones ambas muy presentes en la filosofía transcendente. La muerte de Osiris a manos de su hermano Seth —símbolo de la ignorancia y la inconsciencia— representa la Vida esparcida en las distintas y numerosas formas materiales —innumerables seres e infinidad de átomos y partículas—. Isis actúa como el aspecto evolucionado y regenerador de la consciencia, que percibe los fragmentos no como cosas separadas, sino como partes constitutivas de una misma unidad. Y de la fusión mística entre la dimensión física y la espiritual nace Horus, el espíritu radiante, el fruto de la evolución.

El mito de Osiris plasma bellamente el ciclo de la vida, la muerte y la resurrección en la naturaleza y en la existencia humana. Tras un ciclo de encarnación en la vida material deviene de manera inevitable la muerte física. Entonces toca atravesar un estado intermedio, una fase de tránsito, que nos lleva del plano físico al denominado plano de luz, al Devachán, al cielo cristiano —hay que llegar a la otra orilla del río. Para ello, hay que pagar al barquero; con este fin se dejaba una moneda en la boca o sobre los ojos del fallecido—.

En función de las características y cualidades de la vida física que se ha dejado atrás y, por lo tanto, del estado de consciencia del fallecido, el paso por ese estado intermedio es distinto para cada uno. Puede vivirse de una manera fluida y natural o como una interacción con el inframundo, Käma Loka, Amenti o Hades para hacerse merecedor de llegar a la otra orilla —es la fase del purgatorio de la que nos habla la religión católica—. Una vez que se arriba al otro lado —al plano de luz—, se permanece ahí hasta que la naturaleza y la necesidad de una nueva experiencia conducen de nuevo al plano material para desarrollar otra vida física.

Bastantes mitos de la antigüedad se refieren a los ciclos de la naturaleza y de la regeneración de la vida. Tiene lugar un fluir cíclico, lo cual permite concebir la muerte no como un final o un fenómeno destructivo, sino como un paso imprescindible en el proceso evolutivo y de creación. A este respecto, conviene recordar que, en el cosmos y la vida, la función destructora no se inicia cuando llega el momento de la disolución, sino que se ejerce todo el tiempo y en todas partes. Basta con mirar el cuerpo humano: en él están teniendo lugar, continua y simultáneamente, procesos de creación, preservación y destrucción; y es el perfecto equilibrio entre estas fuerzas lo que mantiene al cuerpo vivo y en estado de salud.

El uso habitual de las palabras «muerte» y «destrucción» no nos evoca una noción correcta de lo que esos procesos significan y conllevan en la vida y el universo. La muerte y la destrucción desempeñan un papel muy importante y definido, pero no deben contemplarse de forma aislada, como se suele hacer, sino como partes de una función más amplia descrita, con mayor propiedad, como «regeneración»: no hacen sino quitar de en medio aquello que ya ha cumplido la finalidad a la que estuvo destinado y que ahora se erige en un obstáculo para el desarrollo subsiguiente. La muerte es, por lo tanto, un aspecto necesario en la progresiva evolución de los cuerpos y el desarrollo de la consciencia. Y debe ser considerada como un complemento de las funciones de creación y preservación.

En este contexto, y ligado a la sabiduría ancestral a la que antes se hizo mención, el objetivo de los mitos —y del simbolismo a ellos asociado— no era otro que apoyar a las personas interesadas en su proceso de transformación interior. Las llamadas escuelas de misterios —las de los misterios órficos y las de Eleusis, el dios Mitra, Samotracia...— jugaron un papel notable al respecto y fueron populares en el mundo antiguo; se extendieron desde Egipto y Asia Menor hasta Grecia y Roma desde el segundo milenio antes de Cristo y perduraron hasta que el emperador Diocesano, en el año 396 d. C., acabó con ellas y sus templos fueron saqueados.

No ha llegado hasta nosotros mucha información de las escuelas de misterios, pero sí sabemos que los ciclos vitales y naturales, la muerte, el renacimiento y la vida más allá de la vida estaban presentes en sus celebraciones y entre sus conocimientos. Por ejemplo, sabemos de los misterios de Orfeo gracias a los himnos órficos que han sobrevivido y al legado de Pitágoras. En ellos se celebraba el descenso de Orfeo al mundo de los muertos para rescatar a su amada Eurídice, y el fallecimiento y resurrección de Dionisio, hijo de Zeus y Perséfone —esta fue raptada por Hades, que la obligó a casarse con él, y se convirtió así en la reina del inframundo—.

Por la información de que se dispone, los misterios de Eleusis giraban igualmente en torno a Perséfone —la Proserpina latina—, así como en torno a su madre, Deméter, diosa de la agricultura.

El hilo conductor que es la atención a la muerte y a la vida en el más allá ha proporcionado luz y perspectiva al ser humano con el fin de que pueda contemplar de frente y de manera reflexiva su propio fallecimiento físico. Se trata de que sustituya la dejadez al respecto por el interés por saber qué hay detrás de dicho fallecimiento y perciba de forma nítida la realidad de su existencia más allá de lo material. Esto debe permitir al ser humano diluir sus recelos en cuanto a la muerte y afrontarla sin temor, a partir de entenderla no como el final de nada, sino como una fase más del ciclo de la vida, la muerte y la resurrección.

Tener miedo a la muerte es tenerlo a la vida

A pesar de tantas aportaciones lúcidas realizadas por los personajes más sabios de la historia, las dudas, los miedos, la ignorancia y el desconcierto ante la muerte están presentes en la vida de una cantidad ingente de personas. Esto ocurre especialmente en los países más desarrollados desde el punto de vista socioeconómico. En estos, la mayoría de la gente rehúye la reflexión acerca de la muerte e, incluso, pretende vivir su día a día en el más completo olvido de la existencia de la misma. Tiene lugar una especie de amnesia artificial ante lo que, siendo evidente, no se quiere aceptar. Tampoco se quiere saber qué significa y conlleva. Esta negación emocional adopta diversas formas, como la ansiedad, la perturbación, el pavor, la hiperactividad —el culto al trabajo—, el narcisismo —el culto a sí mismo— o la confianza en la ciencia para que postergue el momento del fallecimiento —el culto a la tecnología médica—.

¿A qué obedece una actitud de negación tan absurda? Alejandro Rocamora, psiquiatra y miembro fundador del Teléfono de la Esperanza, señala en su escrito «Morirse a gusto» el hecho de que la sociedad actual contempla la muerte como el fracaso de su dominio sobre las fuerzas de la naturaleza: el ser humano contemporáneo «puede controlar y manipular casi todo», pero se percibe indefenso ante la muerte. Debido a esto, intenta no pensar en ella; trata de simular que no existe. Parece como si la muerte fuera un desliz extemporáneo, una muestra de falta de educación o incluso una perversidad; algo que hay que ocultar, sobre todo a los niños, en lugar de acostumbrarlos a lo que significa como primer paso para que no vivan con miedo a ella. En palabras de Sándor Márai, sacadas de su obra *Diarios (1984-1989),* «para los supervivientes, la muerte inesperada es como un insulto; protestan indignados como si dijeran: "¡qué indiscreción!"».

Lo cierto es que si la sexualidad fue el gran tabú hasta mitad del siglo XX, ahora lo es la muerte. Esto tiene múltiples manifestaciones:

— El lenguaje ordinario plasma espléndidamente el deseo de ocultarla por medio de expresiones sinónimas muy variadas: «ha exhalado su último suspiro», «nos ha dejado», «ha pasado a mejor vida», «descanse en paz», etcétera.
— Se ha modificado socialmente la forma ideal de morir. Antes se quería que tuviera lugar de forma consciente y con apoyo espiritual. Hoy, en cambio, lo que se ansía es una muerte rápida y sin sufrimiento: «¿sufrió mucho?», «¿se enteró?», son las preguntas más frecuentes en estas situaciones.

— A los moribundos se les suele esconder el momento estimado de su muerte y se les intenta consolar absurdamente con palabras de ánimo, como si lo que tuvieran fuera una enfermedad pasajera de la que se van a recuperar. Esto es un auténtico disparate. Toda persona tiene derecho a saber que sufre una enfermedad terminal; si no se le da esta información, se le está quitando la oportunidad de gestionar su muerte. Es vital que en el tiempo que le quede, el que sea, tenga la oportunidad de despedirse adecuadamente de sus seres queridos y de la vida física: esa persona merece poder cerrar círculos y cuestiones que puedan estar pendientes; debe poder explicar o exponer cosas de las que no se habla en el día a día; debe tener la opción de compartir aquello que lleva en el corazón pero que ha olvidado decir entre el ajetreo de la vida diaria (cosas como un «te quiero»)... Es así como se puede llegar al instante del óbito en paz y armonía, y gozar de una «buena muerte».
— Cuando las circunstancias hacen que se esté junto al moribundo en los momentos previos a su deceso, las sensaciones que se experimentan no suelen ser de acompañamiento amoroso, sino de temor y hasta de pánico; interiormente, puede ser que la persona incluso desee salir corriendo a pedir auxilio.
— Pocas personas fallecen en su casa, y los velatorios en el hogar son una práctica casi extinguida. Inmediatamente después de haber tenido lugar la defunción, el cuerpo es despachado del hospital al tanatorio, y después se procede con la mayor celeridad posible al enterramiento o la incineración. Lo que cuenta es la eficacia y la pulcritud; todo es muy aséptico. Los protocolos, incluidos los famosos pésames, son tan impersonales como perfectamente preestablecidos, tan automatizados como insulsos. Si es preciso, se hace el «favor» a la familia de certificar médicamente que el fallecimiento ha acontecido a una hora distinta de la

real, para que los trámites puedan agilizarse y los tiempos de espera y duelo sean más cortos.

Ante esta manera de actuar, conviene traer a colación lo compartido por Sigmund Freud en la parte final de sus *Consideraciones de actualidad sobre la guerra y la muerte*: «Si quieres soportar la vida, prepárate para la muerte». Personalmente, cambiaría el verbo «soportar» por «gozar»: si quieres gozar la vida, prepárate para la muerte.

Debemos partir de la premisa de que tener miedo a la muerte es tener miedo a la vida. La Vida, en mayúsculas, incluye ambas, la vida y la muerte. Puesto que no podemos prescindir de ninguna de las dos, para vivir y gozar la vida es necesario comprender y asumir la muerte.

Según diversos estudios, Bután es el país con mayor nivel de felicidad. ¿Cuál es el motivo? La razón no se encuentra en cuestiones de índole socioeconómica, sino en el hecho de que los butaneses tienen presente la muerte y, en vez de rehuirla, reflexionan a menudo acerca de ella. Contribuye a esto el hecho de que la iconografía butanesa incluye con frecuencia la figura de la muerte: su imagen está en todos lados, representada de manera colorida y evidente. No se oculta ni siquiera en los juegos infantiles.

En este punto, la mente vuelve a las andadas con sus dudas y recelos: ¿qué sabemos realmente del más allá y del proceso que se abre tras la muerte si nadie ha vuelto para contarlo? Pero esto no es verdad. Porque sí hay gente que ha regresado para contarlo…

¿Hay fuentes que nos permitan saber lo que nos espera tras la muerte?

La introspección

Conviene destacar al abordar el interrogante que sirve de título general a este apartado que los seres humanos atesoramos un colosal conocimiento en nuestro interior, en lo más profundo de lo que somos.

Algo tan maravilloso no nos lo dicen en el colegio ni en la universidad, ni en el seno de la familia; tampoco lo difunden los medios de comunicación… A pesar de esto, incluso si ignoramos la existencia de este conocimiento, asoma en el transcurso de nuestras vidas en forma de intuiciones, inspiraciones, presentimientos y corazonadas que nos alientan a hacer o no alguna cosa, que nos indican un determinado camino, que nos aconsejan a la hora de tomar una decisión… Se trata de una sabiduría innata que no proviene de fuera, de nada que hayamos aprendido o nos hayan enseñado.

¿Qué podemos hacer para conectar con ella y utilizarla de manera consciente? La clave radica en la introspección: debemos centrar la atención en nosotros mismos, mirar adentro y observarnos, en silencio y sintiendo el ritmo de la respiración, en estado de concentración y meditación. A través de la introspección se pueden vislumbrar y percibir muchas cosas; entre otras, en lo que aquí nos ocupa, las experiencias que nos esperan cuando el cuerpo físico fallezca.

En antiguas corrientes espirituales se realizaba una práctica de reflexión íntima consistente en vivir la muerte de forma simulada. En algunas culturas iniciáticas, las personas incluso se metían en ataúdes, y en ocasiones eran enterradas por un tiempo, con el fin de que la experiencia fuese más intensa, más próxima a la real. Bastantes sabios de todas las etapas históricas, culturas y latitudes geográficas han conocido y llevado a cabo prácticas como estas; y, desde luego, han efectuado a menudo la aludida introspección.

La filosofía transcendente

Por otro lado, volviendo al interrogante que encabeza este apartado, hay que recordar que la filosofía transcendente, pacientemente construida durante siglos con las aportaciones de tantos personajes eminentes, muestra que hay vida más allá de la muerte.

Expresado metafóricamente, se nos describe la vida física como una habitación y el plano de luz —Devachán, cielo…, la vida más allá de esta vida— como otra habitación. Y la denominada muerte como una puerta que se abre para pasar de una habitación a la otra. Así de sencillo. Por lo tanto, nada termina y nada empieza: la vida es una, un continuo que se desarrolla en distintas fases, en diferentes estancias, cada una de las cuales tiene sus propias leyes y características.

Eso sí, entre ambas habitaciones hay una especie de pasillo o cuarto intermedio que separa el plano físico del plano de luz. Es inevitable pasar por ahí para poder ir de uno al otro. Cuando desencarnamos entramos en ese espacio o estado intermedio, conocido como tránsito. Este es el río al que hacía mención páginas atrás, el cual hay que cruzar; según la mitología, mediante el pago al barquero.

Tradiciones orales y escritas

El tránsito y el acceso al plano de luz siguen unas pautas y cuentan con un recorrido que la humanidad, desde tiempos pretéritos, ha vertido en tradiciones orales y escritas. Está más allá del objetivo y el alcance de estas páginas enumerar los textos más notables en los que se han ido plasmando estas tradiciones a lo largo de los siglos. Ahí van unos pocos botones de muestra. Por ejemplo, los Textos de las Pirámides, grabados hace cuatro mil quinientos años en los pasajes, antecámaras y cámaras de las mismas, narran la Duat o tránsito y el papel del barquero celestial —estos textos fueron recogidos en papiros en la época del faraón Unis, último de la V dinastía—. Posteriormente se escribieron los Textos de los Sarcófagos, de casi cuatro milenios de antigüedad, y el *Libro de los muertos,* que data de hace unos tres mil quinientos años.

Contamos asimismo con el *Bardo thodol* o *Gran libro de la liberación natural mediante la comprensión en el estado intermedio* —a menudo, mal titulado como *El libro tibetano de los muertos*—, que constituye una completa guía de instrucciones, redactada en la octava centuria de nuestra era, para afrontar el tránsito. La obra divide el tránsito —estado intermedio o bardo— en tres fases: la primera es el mismo momento del óbito, o estado transitorio del momento de la muerte; la segunda es lo que se experimenta después del fallecimiento, en el denominado estado transitorio de la realidad; y la tercera es el estado transitorio del renacimiento, en que tienen lugar las experiencias previas al nuevo nacimiento físico o reencarnación.

Personas que poseen el don de la comunicación con el más allá

Lo que ponen de manifiesto la introspección, la filosofía transcendente y textos como los citados se confirma por los testimonios de personas que poseen el don de conectar con seres físicamente fallecidos que, ya desencarnados, se encuentran en el proceso del tránsito o en el plano de luz.

Es obvio que en el ámbito de la comunicación con el más allá hay mucha charlatanería y demasiado embaucador. Sin embargo, esto no debe evitar reconocer que existen personas, más de las que pudiera pensarse, que tienen este don. Por medio de sus experiencias directas nos proporcionan información sobre la continuidad de la vida tras el fallecimiento físico. Las aportaciones de algunas de ellas constituyen contribuciones fundamentales a esta obra.

Experiencias cercanas a la muerte (ECM)

Otra fuente sobre lo que nos espera después de la muerte física la constituyen las personas que han tenido experiencias cercanas a ella (ECM), es decir, personas que, a raíz de una enfermedad o un accidente, parecen haber fallecido, pero finalmente se recuperan y siguen vivas. Durante ese lapso de aparente defunción tienen una serie de experiencias que nos aportan pistas y datos notables sobre el más allá.

Las ECM no son tan inusuales o excepcionales como se podría creer. Sirva como exponente el estudio efectuado en 1982 por el Instituto Gallup —una importante corporación demoscópica— que cifraba en cinco millones el número de norteamericanos que habían tenido ese tipo de experiencias. Es cierto que esta cifra supone solamente el 1,6 por 100 de la población estadounidense, pero es una cantidad suficiente para que, escuchando lo que comparten sobre su paso por la muerte, se puedan sacar algunas conclusiones fundadas. De hecho, Gallup extrajo una muestra representativa de esas personas y las encuestó con el fin de obtener resultados. Extrapolando estos números, se puede estimar en ocho millones la cantidad de individuos que han tenido ECM en el ámbito de la Unión Europea —unos setecientas cincuenta mil en el caso de España—.

Lo cierto es que gracias a los avances tecnológicos y científicos en el tratamiento de las enfermedades está creciendo el número de personas que no llegan a morir y «regresan». Esto ha provocado que bastantes investigadores se hayan interesado en el asunto. Uno de los pioneros fue Raymond Moody, médico psiquiatra, que en 1975 publicó el libro *Vida después de la vida*. En él se recogen relatos de hombres y mujeres que, habiendo superado la muerte clínica, aseguran haber tenido durante la misma una serie de experiencias extracorpóreas ligadas con ese otro plano que está más allá del fallecimiento físico.

También hay que mencionar a Pim van Lommel, reputado cardiólogo holandés que trabajó durante veinticinco años en un hospital docente con ochocientas camas. Al hablar con cientos de sus pacientes que habían sufrido un paro cardíaco, quedó atónito al descubrir que, lejos de haber perdido la consciencia durante el período en que habían estado clínicamente muertos, recordaban haber vivido experiencias extraordinarias que a él, como científico, le costaba aceptar. Ante ello, decidió estudiar el fenómeno y así lo hizo durante dos décadas con un equipo especializado. En 2001 publicó una síntesis de su investigación en la prestigiosa revista médica *The Lancet,* que tuvo una amplia repercusión. Así se gestó su libro *Consciencia más allá de la vida,* que ofrece abundantes pruebas científicas de que las ECM no pueden atribuirse a la imaginación, a la psicosis o a la falta de oxígeno.

Pim van Lommel introduce estas experiencias en un contexto que va desde las distintas visiones religiosas hasta los nuevos supuestos de la física cuántica, con cuyos modelos teóricos son coherentes las ECM. Los resultados de su investigación llevaron a un medio de comunicación como *The Washington Post* a señalar que «las pruebas sostienen la validez de las "experiencias cercanas a la muerte" y sugieren que los científicos deben reconsiderar las teorías existentes sobre uno de los más profundos misterios biológicos: la naturaleza de la consciencia humana».

En España, hay que recordar al prestigioso doctor sevillano Enrique Vila, jefe de Medicina Preventiva en el Hospital Universitario Virgen Macarena de la capital hispalense, que en compañía de su esposa, Ángeles Garfia, desplegó durante treinta años, hasta su fallecimiento en 2007, un intenso trabajo de indagación científica sobre las ECM. Estudió más de setecientos casos por toda la geografía española y entrevistó a sus protagonistas. Su libro póstumo, *Yo vi la luz,* recopila los resultados de las sesenta y dos experiencias que consideró más representativas de lo que ocurre cuando desencarnamos.

Los estudios y libros reseñados, y otros muchos, muestran las grandes similitudes y coincidencias entre lo sentido y percibido por quienes han tenido ECM, con independencia de su perfil —edad, sexo, raza, religión, situación socioeconómica...—. Para la inmensa mayoría de quienes han vivido una ECM se trató de una experiencia agradable y satisfactoria —por ejemplo, en la encuesta del Instituto Gallup solo el cuatro por ciento de las personas que habían vivido una ECM la recordaban como algo desagradable o negativo—.

El primer testimonio que conozco de una experiencia cercana a la muerte fue consignado por un personaje tan relevante como es Platón. Lo recoge en los párrafos finales del último libro de los que componen *La República,* su obra más influyente —es un compendio de las ideas que conforman su pensamiento—. La experiencia tiene como protagonista a un soldado llamado Er. Así arranca el filósofo griego su exposición: «No es precisamente un relato de Alcínoo lo que te voy a contar, sino el de un bravo guerrero, Er, hijo de Armenio, panfilio de nación. Habiendo muerto en la guerra, cuando al décimo día fueron recogidos los cadáveres putrefactos, él fue hallado incorrupto. Y llevado a su casa para enterrarlo, yacía sobre la pira cuando volvió a la vida y, resucitado, contó lo que había visto allá. Dijo que, después de salir del cuerpo, su alma se había puesto en camino junto con otras muchas y llegaron a un lugar maravilloso». A partir de ahí la narración se detiene en numerosos detalles sobre la vida en el más allá y termina con la descripción de cómo cada alma elige su siguiente vida antes de volver a encarnar.

Dando un gran salto en la historia, hace unos pocos años un testimonio de ECM recorrió el mundo, pues era el de un neurocirujano, Eben Alexander, profesor de la Escuela de Medicina de Harvard. Su experiencia tuvo lugar en noviembre de 2008 a raíz de una meningitis: permaneció en coma durante siete días, y en este contexto tuvo una experiencia extraordinaria en otro plano de la existencia; estuvo en «un sitio maravilloso, reconfortante y lleno de amor». Cuando regresó, había perdido el miedo a la muerte. Describió su experiencia en el libro *La prueba del cielo: El viaje de un neurocirujano a la vida después de la muerte,* publicado en 2012 —en 2013 en español—. En esta obra llega a conclusiones como estas: la consciencia es independiente del cerebro; somos mucho más que este y nuestro cuerpo físico; la muerte es una ilusión y una eternidad de esplendor perfecto nos aguarda más allá de la tumba —si bien hay regiones o campos intermedios—; nos vemos acompañados por parientes difuntos, ángeles y otras formas de vida.

Además, también en 2012 redactó el artículo «Mi experiencia en coma» para la *AANS Neurosurgeon,* publicación especializada de la Asociación Americana de Neurocirujanos, en que desarrolló los mismos argumentos, pero de una forma más técnica. Acusado tras ello de acientífico por los defensores de la filosofía materialista, Alexander respondió a las críticas mediante otro artículo, publicado en el semanario neoyorquino *Newsweek,* con el que procuró aclarar cualquier tipo de duda sobre la veracidad de su viaje a la vida más allá de la muerte.

Las mismas conclusiones que las aportadas por Eben Alexander se derivan de mi propia experiencia cercana a la muerte, con la que abrí este capítulo. Siguen a continuación los otros nueve testimonios que, junto con el mío, fueron recopilados en el estupendo trabajo periodístico realizado por Malú Zamora y Javier Jorge —véanse los Agradecimientos. Se han efectuado ligeras modificaciones de estilo para una mejor adecuación gramatical—.

* * *

«Comprobé que lo que vi desde arriba sucedió».
A. G.
Responsable de logística de un almacén de suministros. Valencia.

Con diecisiete años, un día de verano, mi novia y yo decidimos ir a la playa en moto a hacer unas fotografías.

De camino, al cruzar un puente, la rueda patinó y caímos al suelo. La moto y mi novia tuvieron suerte. Yo me llevé la peor parte. Salí despedido y mi cabeza golpeó contra la valla del lateral. No llevaba casco.

Perdí literalmente el cuerpo y comencé a flotar. Me vi tendido inerte en el suelo con mi novia llorando agachada sobre mí. También vi a un joven que corría hacia allí pidiendo auxilio. Pero la visión cada vez era más difusa, porque yo no paraba de coger altura.

De pronto, mi ascenso flotando boca abajo se vio detenido por alguien que me asió por la espalda. Quien quiera que fuera, con una voz amigable y serena me preguntó:

—¿Dónde vas? —y, sin darme opción a responder, continuó—: Este no es tu momento. Tienes aún muchas cosas por hacer.

Recuerdo que me volví para ver a aquel ser. Vestía una túnica blanca, tenía pelo rubio algo largo y una cara que no se veía bien, pero que infundía confianza y tranquilidad. Meditando aún en las palabras de mi inesperado interlocutor, de pronto me sentí como si fuera viajando cómodo y feliz en un vehículo grande, lujoso y muy espacioso, dotado de un gran motor. Pero esa sensación desapareció enseguida y empecé a notar sangre.

Fue entonces cuando realmente tomé consciencia de lo que me había pasado. Desperté en un coche que resultó ser del chico que había visto correr desde arriba. Vivía junto al puente, y al ver el accidente acudió en nuestro auxilio. Dada la gravedad de mi estado, decidieron enviarme a la clínica San Juan de Dios de Valencia.

Ya en un quirófano, el médico que me atendió no daba crédito. Tenía múltiples fracturas craneoencefálicas. Precisaba suturas por las cejas, por la sien, por la barbilla, de hasta cincuenta puntos. Estaba vivo de milagro. Pero lo más increíble era que me encontraba bien. No sentía dolor; ni siquiera me hacían daño al pasarme la aguja y el hilo. Charlaba y bromeaba con las enfermeras como si nada grave hubiera ocurrido.

Una vez que todo hubo acabado, comenté mi experiencia con mi novia y comprobé que lo que había visto desde arriba era exactamente lo que había sucedido. No es, desde luego, algo que se vaya contando alegremente a todo el mundo.

Lo que me pasó me lleva a pensar que todos tenemos a alguien que está ahí, junto a nosotros, protegiéndonos aunque no lo veamos. También estoy convencido de que sí que hay vida después de morir; no es como esta, pero la vida continúa.

* * *

«Me tengo que ir. ¿No ves que me están esperando?».

J. F.

Director de cine. Cuenca.

Mi hermano sufrió un accidente de moto. Aunque al principio parecía que tenía solo alguna herida leve y sin importancia, su estado se agravó al no detectarle una hemorragia interna que, una vez extendida, se hizo incompatible con su vida.

Una mañana, el teléfono sonó para alertarnos de la inminente llegada de su fin; algo que, desde luego, era imposible de asimilar. Ninguno imaginamos que el día que cayó al asfalto impulsado por alguien que decidió saltarse una señal de stop desembocaría en una agonía tan rápida y tan compartida por toda la familia.

Todos sabíamos de la proximidad del momento más triste de nuestras vidas, todos menos él. Mi hermano permanecía ignorante de su gravedad; estaba consciente y lúcido, y así se mantuvo durante todo el día. Su lucidez era sorprendente teniendo en cuenta el destino que le aguardaba.

Los familiares intentábamos no agruparnos en la habitación del hospital para no despertar sospechas. Mientras, mi hermano nos hablaba con normalidad. En un determinado momento se incorporó sobre la cama e intentó levantarse. Yo estaba a su lado en ese instante. Siendo los únicos presentes en la habitación, le pregunté sorprendido que adónde iba. Respondió con la mirada fija en un punto en el que no había nadie:

—Me tengo que ir. ¿No ves que me están esperando?

Sorprendido, aclaré que no había nadie ahí, pero él insistió señalando hacia ese punto vacío.

No fui el único de los que ese día le acompañamos que le oyó decir cosas similares; incluso llegó a describir a uno de los que habían venido a buscarlo. Se refirió a él con toda naturalidad y como si le conociese perfectamente, y añadió:

—¡Mirad qué guapo está!

Esa noche murió. Se fue. Yo espero, dentro de mi tristeza y la de todos los que lo echamos de menos, que se fuera con alguien que le quiera tanto como nosotros.

* * *

«Estuve tendido sobre un verdadero helecho de nubes».
R. C.
Escritor, maestro de yoga y meditación. Madrid.

Hace seis años y medio, mientras me hallaba explorando la sabiduría budista en Sri Lanka, cogí una agresiva bacteria llamada listeria. De regreso a Madrid fui ingresado en La Paz, donde sufrí una parada respiratoria. Me pasaron a la UVI. Comunicaron a mis familiares que podían quedarme cuatro horas de vida, pero permanecí tres semanas en coma, debatiéndome entre la vida y la muerte. Hubo días muy críticos, como relato minuciosamente en mi libro En el límite. *Estuve prácticamente al borde de la muerte.*

Tuve un verdadero torrente de vivencias muy intensas y a menudo tormentosas, como si irrumpiera todo el material de mi subconsciente. Los lamas tibetanos dicen que al borde de la muerte y antes de entrar en el bardo —estado intermedio— se produce un estado de prebardo, donde surgen visiones y vivencias de todo tipo, acumuladas a lo largo de muchas existencias previas. Hay que discernir si ello no sucede por las medicinas que están afectando al cerebro o por el alcance de la bacteria, que me produjo una meningoencefalitis.

Lo cierto es que las visiones eran más vívidas que las que uno pueda tener en el estado denominado de vigilia. Hubo otros días en que, según mis familiares y una de las doctoras, mi cuerpo estaba como vacío. Seguramente fue uno de esos cuando tuve una vivísima experiencia de disociación del cuerpo. Estuve tendido durante tiempo sobre un verdadero helecho de nubes, flotando, como tumbado entre las mismas. Mi estado era de consciencia y no sentía el menor temor. Después volví a mi cuerpo, cesaron esos estados de disociación y empecé a recuperarme.

Sin entrar en ningún tipo de elucubraciones, me he limitado a narrar mis experiencias. Lo importante es que haber estado durante tanto tiempo haciendo piruetas entre la vida y la muerte me dio un profundísimo sentimiento de humildad y la certeza de que en esta vida lo verdaderamente importante es la compasión.

* * *

«Estando en el fondo del mar y sabiendo que había llegado ya nuestro fin, apareció un ser».
M. L. y M. J. N.
Empresarias de hostelería en Almería.

Somos hermanas gemelas y esto nos ocurrió siendo unas niñas de siete años. Estábamos con nuestra madre y su hermana en una playa alejada de la ciudad, donde no hay mucha gente ni vigilancia. Nos metimos solas en el mar para bañarnos en un lugar más apartado. No nos dimos cuenta de que nos acercábamos a una zona peligrosa. El fuerte oleaje nos arrastró mar adentro. Luchamos por mantenernos en pie; dábamos saltos desde el fondo para tomar aire, pero el agua nos cubría cada vez más. No podíamos nadar y la corriente nos llevaba.

Agotadas y sin fuerzas, dejamos de luchar y nos hundimos. Sabíamos que íbamos a morir. Ya no podíamos respirar y la angustia por ahogarnos dio paso a una inmensa paz.

De pronto, estando en el fondo del mar, apareció un ser que nadó hacia nosotras. Era un hombre que veíamos sin nitidez, como al trasluz. Parecía ir vestido como de buzo antiguo, con un casco de inmersión propio de un relato de Julio Verne. Rápidamente me sacó del fondo del mar y me dejó en la arena. Como le pedí que sacara a mi hermana, sin dudar un momento fue por ella y la trajo.

Descansamos y nos recuperamos del casi ahogamiento que vivimos. Ya repuestas, nunca más hablamos de quien nos había rescatado. Siempre ha sido para nosotras algo íntimo, una experiencia personal e inexplicable. ¿Quién pudo ser aquel ser que nos rescató en aquellas playas salvajes?

* * *

«Me vi dentro del famoso túnel».
M. G.
Crítico musical, escritor y administrativo en el Servicio Andaluz de Empleo. Sevilla.

Una noche del verano del 79, al cruzar una calle del centro de Sevilla, fui atropellado por un coche que salió de repente a gran velocidad. No me dio tiempo a verlo. El golpe me dejó inconsciente en el suelo con fracturas en la cabeza, rotura del húmero del brazo izquierdo y serias heridas en todo el cuerpo.

No sé durante cuánto tiempo permanecí sin conocimiento, pero cuando desperté sé que estaba rodeado de italianos que habían presenciado el accidente. Habían visto al conductor dándose a la fuga.

No se me olvidará lo que viví mientras estaba sin consciencia. Me vi dentro del famoso túnel. Al final había una luz brillante que me cegaba. A ambos lados del túnel discurrían a gran velocidad imágenes estáticas en blanco y negro de mi vida, con mis padres, mis hermanos, amigos, etc.;

imágenes que mostraban momentos que había olvidado, pero que reconocía como propias. Primero aparecieron las más antiguas, las de mi niñez. A continuación, otras más cercanas en el tiempo, correspondientes a mis diecisiete años. Las observaba tumbado desde el suelo.

No podía pensar. Recuerdo que quería saber por qué veía aquello, pero la sucesión vertiginosa de imágenes me lo impedía. No fue, ni mucho menos, una sensación placentera. De hecho, no me gustó nada. Quería salir de allí como fuese.

* * *

«Vi un punto de luz al final con una imagen en el interior».
J. R.
Empresario del sector de las energías renovables. Barcelona.

Esto ocurrió en 1988, cuando me hallaba cumpliendo el servicio militar en la Academia General Básica de Suboficiales. Era el chófer del coronel al mando.

Cuando llevaba unos ocho meses de mili, un compañero me contó que mi novia de Tremp me la pegaba con un teniente. Cogí el coche del coronel y bajé al pueblo a buscarla. No la encontré a ella, pero sí a dos compañeros recién licenciados que necesitaban llegar a Lérida para coger el tren y me convencieron para que los llevase. Yendo ya de camino, en una curva, la carretera desapareció y nos vimos volando sobre un barranco. Por el aire cortamos la copa de un gran pino, dimos la vuelta y caímos boca abajo al campo.

El suelo donde aterrizamos estaba arado y el capó se enterró casi por completo. Recuerdo ver las ruedas girando con el coche clavado en el sembrado, mientras yo subía cada vez más rápido, alejándome, sin saber hacia dónde. Me sentía liberado, como si hubiera estado comprimido dentro de una botella y de golpe saliera de ella. Podía apreciar un punto de luz al final que se hacía grande, el cual tenía una imagen en su interior. Era mi madre en la cocina de casa fregando los platos con un delantal azul. Noté que podía desplazar esa luz para ver otras cosas.

Recuerdo ver a mi amigo Toni en la cantina, a mi hermana en su casa de Venezuela, cogiendo un teléfono de color rojo que sonaba, a mi abuela abrazándome, mi primer beso con una chica, el agua correr en la riera del bosque cercano a mi casa, a mi hermano Carlos haciendo ondas con el humo de un cigarrillo…

De repente la imagen cambió, y repasé aquel día de principio a fin. Noté cómo alguien me tocaba mientras me preguntaba si me encontraba bien. Abrí los ojos y sentí algo que me caía sobre la cara. Estaba tumbado en el techo del coche volcado y mi acompañante colgaba del cinturón de seguridad sobre mí. Pregunté qué sucedía y me respondieron que habíamos tenido un accidente.

Me desmayé. Cuando recuperé el conocimiento despertaba de un coma de dos días en un hospital de Lérida. Los tres salvamos la vida aquel día.

Tras esta experiencia perdí el temor a la muerte y aprendí a valorar mucho más las cosas que nos rodean. Durante un tiempo lloraba por nada; me convertí en un sentimental que amaba a todo el mundo. Desde entonces procuro enfocar mi vida en ayudar a los demás.

* * *

«Mi padre, joven, vino a despedirse de mí».
C. D.
Soprano. Madrid.

Mi padre falleció el 24 de febrero de 2015. Lo enterramos dos días después y vivimos todo aquello como si fuera una película, sin creernos que eso nos estuviese pasando a nosotros.

El sepelio se celebró tan rápido que casi no nos dimos cuenta. Esperábamos que el sacerdote le dedicara unas palabras o que dijese algo más, pero fue un rito poco personal, muy metódico. Solo mencionó que la misa se había dedicado a mi padre, pero nada más. Cuando nos quisimos dar cuenta, ya estaba enterrado y procedían a cerrar la tapa.

Nos fuimos todos de allí, y yo, que estaba agotada, me marché a mi casa a dormir. Llegó la noche y lo digo clarísimamente: mi padre vino a despedirse de mí. Me lo encontré, pero, además, joven, moreno, guapo, como él era. Me estaba mirando con una sonrisa preciosa y con una mirada de amor única, que lo decía todo.

—Estoy aquí aún. No me he ido todavía porque tenía que venir a despedirme —me dijo.

Me dio un vuelco el corazón.

Estaba junto a mí, en mi cuarto, pero al mismo tiempo como en un entorno hospitalario. Aquella aparición, lejos de asustarme, me reconfortó. Quedé con una paz tan profunda que estaba segura de que mi padre se encontraba bien.

* * *

«Me desdoblé como si hubiera otro yo».
J. R.
Conductor. Málaga.

Todo sucedió a finales de 1993, en el salón de mi casa en la ciudad de Sídney (Australia). Era domingo y después de comer sentí una presión en el pecho. Me acomodé en un sillón, pero no me dormí. De repente, me vi envuelto en una aventura que nunca olvidaré.

No recuerdo cómo, pero pasé del estado físico al espiritual. Me encontraba en un lugar completamente oscuro e incómodo en el que me sentía como aprisionado. Tenía algo de miedo. Por encima de mi cabeza empezaron a surgir como unos trazos de luz que, a gran velocidad, descendían perdiéndose por debajo de mis pies. Después esos trazos se transformaron en una especie de luz ovalada, redonda y amarilla.

Sin saber cómo ni por qué, me desdoblé. Mi yo espiritual empezó a salir por la cabeza, como si eso fuese lo más natural del mundo. En ningún momento fue una experiencia traumática, sino todo lo contrario; fue algo placentero, agradable y excitante.

Una vez fuera, empecé a observarme y a estudiarme. Era como si hubiese otro yo a unos diez metros de mí. Pensé: «¡Dios mío! ¿Es posible lo que estoy viendo? ¡Pero si estoy en el espacio exterior, viajando por el cosmos!».

De pronto apareció ante mí un gran trozo de universo, todo negro, y en el centro vi un túnel. Me observé viajando a gran velocidad, hacia arriba, dentro de él. Vi una luz cegadora, a la que me acerqué muy rápido. Instintivamente cerré los ojos y me llevé las manos al rostro para protegerme. Levanté los antebrazos contra mí e incliné un poco el cuerpo, en posición de defensa.

Permanecí así un tiempo, pero no sucedió nada. Poco a poco empecé a relajarme; suavicé la presión de los brazos hasta que comencé a abrir los ojos y apartar las manos para intentar ver algo de lo que me rodeaba. Terminé descubriendo por completo mi cabeza y abriendo los ojos plenamente. Sentí paz y un inmenso placer.

* * *

«De la niebla empezaron a surgir figuras».
I. M.
Cantante y compositora, educadora de discapacitados intelectuales.
Madrid.

Estaba sola en mi salón, encogida en mi sofá y envuelta en una manta, viendo una película en la tele. Cada vez sentía más y más frío. Era una casa pequeña, de unos cuarenta y cinco metros, y el final del pasillo que lleva a las habitaciones estaba cerca.

El intenso frío dio paso a un fuerte dolor en el pecho y en la espalda. Me sentía francamente mal. Tuve que restregarme los ojos varias veces porque empezaba a ver borroso. Al fondo del pasillo parecía haber cierta niebla. Pensando que era cansancio tras la jornada, intenté fijar la vista.

Quería concentrarme en la película, pero con aquel creciente dolor cada vez me resultaba más difícil. Además, la niebla persistía, y me puse nerviosa. Siempre he tenido miedo de los fenómenos paranormales.

A medida que mi dolor aumentaba y el tiempo transcurría, empezaron a surgir figuras de la niebla. Una, dos, tres…, hasta que eso se convirtió en un auténtico ir y venir. Pasaban de un lado al otro, como si salieran de mi habitación y cruzasen el pasillo. Unas caminaban despacio, otras como con prisa. Algunas se paraban frente a mí y me observaban. Había niños, había ancianos… Yo sentía miedo, confusión y un intenso dolor. Sé que estaba bien despierta y que aquello no era producto de mi imaginación.

A duras penas reuní fuerzas para levantarme del sofá y llegar hasta mi cuarto. El trasiego de gente seguía, y me metí en la cama de un salto y me tapé hasta la cabeza. Empecé a sentir que mi cuerpo se estiraba en la cama y que mi consciencia escapaba a mi control. El dolor era fuerte, pero suave y placentero a la vez. Sentía como si mi cuerpo y mi mente se estuviesen separando. No sé cuánto duró la experiencia.

No me desperté, ya que estaba despierta, pero volví de allí donde me había marchado. Tomé consciencia de lo que me había pasado, tomé forma de nuevo, me sentí en mi cuerpo.

A raíz de esto he tenido otras experiencias, unas parecidas y otras distintas. Cuando lo he contado, algunas personas no me han creído; otras me han ayudado, bien porque han vivido algo parecido, bien porque lo respetan y creen que es posible que ocurran este tipo de cosas.

* * *

2
La constitución septenaria del ser humano

Coche y Conductor

La muerte no existe. La vida es mucho más que la vida física; se extiende más allá de esta. Son las conclusiones que se extraen de todas las experiencias cercanas a la muerte, así como de las otras fuentes comentadas en el capítulo precedente. Cuando te das cuenta de esto, puedes gozar la vida sin miedos y vivirla plenamente, sabiendo que nunca morirás. Tu mente insistirá en sus dudas, recelos y temores, porque pertenece al yo físico, mental y emocional, es decir, al «coche» que utilizas para vivenciar la experiencia humana. El coche tiene miedo porque sí es perecedero.

Tras la denominada muerte se abre una etapa intermedia, el tránsito, en que el coche experimenta un proceso de disolución. Pero tú, lo que realmente eres, el Conductor que ha encarnado en el referido coche, no has de tener miedo alguno. Como tal, no vas a disolverte, y vas a ir más allá de la etapa intermedia hacia otra «habitación» de la vida, conocida como plano de luz.

En el instante del óbito de tu actual dimensión material verás clara la diferencia entre el coche en el que estabas y el Conductor que eres. Es decir, sabrás distinguir entre estar y ser. Sin embargo, tomar consciencia de esta diferencia no es importante solo en el momento del fallecimiento: es relevante aquí y ahora, en la cotidianeidad de tu vida, como pilar del conocimiento de ti mismo, y como base para sacarle todo el jugo a la vida que estás desarrollando en este plano material y saborearla como se merece.

El hecho de llevar una «buena vida» —no en el sentido que habitualmente se da a esta expresión, sino en el de vivir con sabiduría— facilita que tengamos una «buena muerte» —es decir, una experiencia menos dolorosa y más llevadera en el tránsito, lo cual favorecerá que accedamos al plano de luz con mayor facilidad y rapidez—. Por lo tanto, reflexionar sobre la muerte física y el tránsito hacia el plano de luz no es otra de las muchas distracciones y obsesiones del intelecto y de la mente ligadas al futuro, sino algo imprescindible para perder el miedo a la muerte y, por ende, el miedo a la vida. Y, también, para aprender a vivir y a «morir» de la mejor manera posible.

¿Te cuesta trabajo distinguir entre el Conductor que eres y el coche que ocupas? Trae a tu memoria uno de esos enormes icebergs que, tras desprenderse de un glaciar o de una plataforma de hielo, surcan flotando las aguas arrastrados por las corrientes marinas. Solamente sobresale del agua una novena parte del volumen total del iceberg aproximadamente —es la parte del mismo que puedes ver con tus ojos—, mientras que el ochenta y nueve por ciento se mantiene por debajo de la superficie, invisible para tu mirada.

Cuando un iceberg entra en aguas más cálidas se puede observar que su parte exterior, la que emerge por encima del agua, comienza a derretirse. Si se atiende a la temperatura exterior del aire, lo que está ocurriendo puede no tener sentido, porque acaso esa temperatura sea de varios grados bajo cero. Pero no es la temperatura ambiente la que está provocando el deshielo. La razón de ser de la licuación se halla en la parte del iceberg que permanece por debajo de la superficie. Esta parte oculta ha entrado en contacto directo con aguas templadas, que son las que provocan la descongelación y la reducción del tamaño de la masa de hielo.

El símil del iceberg resulta útil para comprender cuál es la auténtica naturaleza de la existencia que manifestamos aquí, en este plano. Lo sueles olvidar en medio del ajetreo del día a día, inmerso en la filosofía materialista y en el culto a la velocidad que esta sociedad ha convertido en su forma de supervivencia. No recuerdas que cuentas con una parte externa —el coche— y otra interna y de mucha más envergadura —el Conductor—. Y, como en el caso de los icebergs, lo que te sucede —lo que le ocurre a tu yo físico, mental y emocional— y lo que pasa en tu vida —y en la de los demás y en el mundo en general— tiene su causa y origen en el interior. Como veremos más adelante, esto también es así en cuanto al momento y la forma en que se produce la muerte.

Pero vayamos por partes. Llegados a este punto, se hace imprescindible preguntarse qué son exactamente tanto el coche como el Conductor de los que se viene metafóricamente hablando. Una cuestión cuya adecuada respuesta lleva a ocuparse de un asunto muy importante y del que se habla poco, aunque sabios de todas las épocas y tradiciones espirituales han aportado gran sabiduría al respecto: la constitución del ser humano, en la cual cabe distinguir entre los componentes perecederos y los que no lo son.

Un juego muy serio

Te propongo un experimento muy serio, aunque tiene la ventaja de que puedes desarrollarlo como un juego. Vamos a ello. Para empezar, guarda silencio, respira conscientemente y concéntrate solo en ti mismo. ¿Listo?... En este estado de tranquilidad y alerta, ¿qué percibes? Lo normal es que repares de inmediato en tu parte material: tu cuerpo biológico, con todo lo que lo configura y todo lo que conlleva —desde la respiración hasta los latidos del corazón, pasando por tu postura o cualquier otra manifestación física...—. Muy bien. Sigue observándote. Te será fácil también darte cuenta de tu parte mental: las ideas y los pensamientos que van y vienen, incluso con independencia de tu voluntad. Estupendo. Continúa mirando lo que hay en ti... Tampoco te resultará complicado sentir tu parte emocional: tu estado de ánimo, sentimientos y sensaciones muy diversos —alegría, tristeza, serenidad, ira, amor, soledad y un amplio etcétera—. Espléndido. Te has percatado ya de tus componentes físico, mental y emocional...

A partir de aquí el juego se pone más interesante, porque ¿notas en ti algo más? Quizá, así de pronto, te parezca que no. Pero mantén la atención en ti mismo y pregúntate quién es el que está detectando esos componentes físico, emocional y mental que coexisten en ti. Quién hay ahí y cuenta con la suficiente perspectiva para advertir lo que pasa en estos componentes. Quién es el que está observando o, lo que es lo mismo, quién es el observador. Para averiguarlo, prosigamos con el juego.

Persiste en el silencio y la respiración consciente y centra ahora tu reflexión en todo lo que te acontece un día cualquiera. Desde que te despiertas por la mañana hasta que te duermes por la noche tienen lugar muchas situaciones, se producen diversidad de circunstancias, llevas a cabo múltiples acciones... Tu yo físico, emocional y mental va experimentando todo ello. Los distintos hechos se van sucediendo de instante en instante; van cambiando continuamente. Bien, perfecto... Llegado a este punto ¿te das cuenta de que, en paralelo, entre todos los cambios hay algo que está siempre ahí y no cambia? Es algo que está presente en cada una de las situaciones por mucho que estas varíen. ¿No lo ves? No te preocupes, ocurre con frecuencia, porque es tan obvio que suele pasar desapercibido. ¿De qué se trata? Pues ¡de ti mismo!: tu vida, tu existencia... Se trata del hecho evidente de que vives, existes y eres. Gracias a ello —de otro modo, sería imposible— te levantas, te acuestas y experimentas a lo largo de la jornada todos y cada uno de los avatares y circunstancias que se suceden incesantemente.

La filosofía transcendente señala que la forma en sí se transforma continuamente, pero solo la forma. Por debajo del cambio hay algo que no tiene forma y no varía. Y ese algo no es algo; solo es «algo» cuando pensamos en ello y pretendemos llevarlo al mundo de la mente, pero en realidad carece de forma, no es un objeto mental: es tu vida, tu existencia, tu ser… Una vida que ya se desarrollaba antes de que ocuparas tu coche actual —es decir, antes de que encarnaras— y que seguirá desplegándose desde el Conductor que eres cuando ese vehículo deje de funcionar.

Sobre la constitución septenaria

La naturaleza del ser humano es compleja. A lo largo de la historia numerosos hombres y mujeres han intentado desvelarla y comprenderla. Encontramos ejemplos al respecto en escrituras tan antiguas como los Vedas y en las tradiciones iniciáticas de Egipto y Oriente, así como en el hermetismo, los filósofos clásicos griegos, los neoplatónicos, los gnósticos, los cabalistas y en casi todas las grandes religiones.

Bastantes de estas aportaciones contemplan la esencia del ser humano como una emanación o radiación diferenciada, pero nunca separada o fragmentada, de una Realidad Única inmanifestada en la que todo vive y se sostiene. Y señalan que tal Realidad se expresa en el cosmos y el universo conocido mediante siete principios constitutivos que conforman, a su vez, siete planos de existencia: el físico, el etérico, el vital, el emocional, el mental, el intuitivo y el espiritual. La vida se plasma y despliega en todos estos en consonancia con las características y leyes propias de cada uno.

Cual reflejo en el microcosmos de los principios del macrocosmos, estos planos y principios están presentes en el ser humano. Es más, este es el único ser en el que hallan reflejados la totalidad de los siete principios de la Realidad Única universal en el cosmos. Por lo tanto, la vida humana discurre e interactúa en cada uno de los planos referidos. Autores como Annie Besant o C. W. Leadbeater han analizado la forma en que lo hace y los distintos «medios» que utiliza para ello. Ciertamente, la inmensa mayoría de la gente solo tiene consciencia del plano físico, que es el más denso. Pero existen los otros citados, e interaccionamos con cada uno de ellos mediante un principio o componente constitutivo.

Estos principios son descritos como instrumentos operativos o vehículos con los que podemos desenvolvernos en dichos planos. Cada uno de estos vehículos, denominados más comúnmente cuerpos, cuenta con los sentidos de percepción que le permiten manejarse en el plano correspondiente.

Grandes hombres y mujeres de todas las épocas y culturas han difundido distintas tipologías de clasificación de esos componentes. Así, contamos con la división trina de los filósofos griegos y el cristianismo —cuerpo, alma y espíritu—, la estructura quíntuple del vedanta, el árbol *sephirotal* de la cábala, etcétera. Sin embargo, distintas corrientes espirituales han atesorado el conocimiento acerca de la constitución septenaria del ser humano. Dicho conocimiento forma parte intrínseca de la sabiduría perenne que ha acompañado a la humanidad durante su historia, la cual no ha sido expuesta y divulgada en público hasta tiempos relativamente recientes.

¿Por qué en un momento concreto, en la segunda mitad ya del siglo XIX, se sacó a la luz lo que hasta entonces no se difundía salvo entre círculos iniciáticos? Con toda seguridad porque el proceso evolutivo y espiritual de la humanidad así lo aconsejaba. No obstante, como explica Arthur Robson en su libro *Man and his Seven Principles,* hubo un hecho concreto que lo motivó: la necesidad de clarificar qué elementos de la persona pueden entrar en contacto con el mundo físico tras la muerte. Según algunos espiritistas, es el alma del ser fallecido la que lo hace; pero también puede tratarse de meras reliquias o «cascarones» que quedan en el tránsito —Käma Loka, en sánscrito— tras haber entrado la dimensión álmica y espiritual en el plano de luz —o Devachán—.

Este fue el detonante que condujo a divulgar la constitución septenaria. La conformación trina conocida hasta entonces se presentó dividida en siete grandes componentes. Annie Besant, en *La sabiduría antigua,* obra de 1898, realiza la exposición pública de la constitución septenaria del ser humano que actualmente cuenta con mayor uso:

— Sthüla sharira (cuerpo físico denso)
— Linga sharira (cuerpo físico más sutil o doble etérico)
— Käma rüpa (cuerpo astral o emocional)
— Manas (mente) inferior (cuerpo mental)
— Manas (mente) superior (cuerpo causal o alma humana)
— Buddhi (alma universal)
— Atma (Espíritu)

Llegados a este punto hay que resaltar que, atendiendo a los efectos que tiene la muerte física en el ser humano, los siete aspectos o cuerpos citados suelen ser agrupados en el cuaternario perecedero o personalidad —físico, etérico, emocional, mental— y el ternario imperecedero o Individualidad espiritual o Yo Superior —causal, búddhico y átmico—.

Se examinarán a continuación ambas agrupaciones en los siete apartados correspondientes, aunque debe tenerse en cuenta que hablar de los cuerpos como distintos unos de otros solamente tiene sentido a efectos de facilitar la exposición, pues no están verdaderamente separados: son interdependientes y funcionan como un todo. Sabemos que nunca sentimos emociones sin que haya pensamientos, ni pensamos sin sentir algún tipo de emoción; o que los pensamientos y emociones afectan al cuerpo físico y viceversa. Por lo demás, las conexiones entre los distintos cuerpos son los chakras, palabra sánscrita que significa 'rueda' o 'círculo'. Estos constituyen siete centros de energía principales —más cierta cantidad de centros menores— que se hallan distribuidos en puntos donde convergen los canales de energía y tienen la apariencia de una rueda o una flor de loto. Ellos concentran las energías que fluyen a través de los cuerpos y los comunican de un plano de la realidad a otro.

Con respecto al cuerpo físico denso, los chakras principales están localizados aproximadamente en la base de la espina, en la raíz de los órganos reproductores, en el ombligo, el corazón, la garganta, entre las cejas y en la coronilla.

Para finalizar este apartado, enlazaré con la metáfora del coche y el Conductor con la que abría el capítulo para indicar que el cuaternario inferior al que me he referido equivale al coche, mientras que el ternario superior equivale al Conductor. Esto implica que los cuatro componentes de mayor densidad —el físico, el etérico, el emocional y el mental— no pueden transcender más allá del plano físico —en el caso del cuerpo biológico y etérico— y del tránsito —en el caso de los otros dos—. Son solamente los cuerpos causal, búddhico y átmico los que pasan al plano de luz.

Los constituyentes perecederos

El cuerpo físico

El plano más denso del cosmos es el físico. En el caso del ser humano se manifiesta en el principio o aspecto funcional que configura su centro de actividad material y da lugar al cuerpo físico denso. Como bien sabemos, este es el instrumento operativo o vehículo por medio del cual se desenvuelve en el plano material. El cuerpo físico cuenta con los sentidos de percepción pertinentes para hacerlo.

El conocimiento que tiene la ciencia contemporánea del cuerpo físico es muy notable, y los libros de fisiología y anatomía enseñan acerca de su estructura, composición y funcionamiento. No obstante, este conocimiento presenta carencias debidas a los efectos de la filosofía materialista en la indagación científica. Por ejemplo, bajo el influjo de ella, se estima que el cuerpo físico es la causa de las emociones y los pensamientos cuando tal cosa no es cierta, ya que las actividades emocional y mental no tienen su origen en las reacciones biológico-químicas del organismo, sino que se despliegan en una dimensión diferente, como se expondrá más adelante —escapa del objetivo de estas páginas ahondar al respecto; aconsejo a los interesados la lectura de obras como *Conocimiento de sí mismo* —o *La renovación de sí mismo*—, de I. K. Taimni, o *Las siete dimensiones del ser,* de Pablo D. Sender—.

En cualquier caso, en lo que a este libro corresponde, lo único a recalcar es que se suele denominar «muerte» precisamente al fallecimiento corporal. Es obvio que cuando esta se produce el cuerpo físico deja de operar y termina sus días enterrado y descomponiéndose en el cementerio o incinerado en el crematorio.

El doble etérico

Otra circunstancia bastante desconocida, aunque expresada de distintas maneras por sabios de todas las épocas, es que el aspecto físico del ser humano cuenta con una contraparte más sutil. Se trata del cuerpo etérico, doble corpóreo o cuerpo vital, que se extiende unos centímetros más allá de los límites del físico y es invisible para la mayoría de la gente —no hay que confundirlo con el aura, a la cual me referiré cuando presente el cuerpo emocional y el mental—.

Este doble etérico desempeña tres notables funciones: es el medio por el que la energía vital o prana llega al ser humano e incide en su cuerpo físico; actúa como patrón o modelo sobre el que se construye el cuerpo físico denso; y hace de eslabón entre este y la actividad psíquica.

Debido a lo primero, se describe al doble etérico como una especie de esponja que recolecta la vida —el principio vital— de la naturaleza y el sol —razón por la cual tantas personas se sienten revitalizadas al entrar en contacto con el medio natural y recibir los rayos solares—. La realidad es que la fuerza vital no puede ser asimilada directamente por el cuerpo físico, y se precisa de otro componente más idóneo que, gracias a su conformación menos densa, haga de «puente» entre la vida y el cuerpo biológico. El doble etérico es el que cumple esta función: absorbe energía del sol y la naturaleza y la transmite al cuerpo físico como vitalidad, fluyendo a través de las líneas de energía de este y emitiendo el sobrante en todas direcciones como una luz blanco-azulada —la denominada aura de la salud, porque sus colores y vibraciones indican el estado de vitalidad y salud de la persona—.

Por otro lado, el doble etérico está presente desde el inicio del desarrollo embrionario del ser humano; tomándolo como molde o plantilla, sobre él se construye el cuerpo físico del feto —de manera análoga a como las piezas de un puzle se van ubicando sobre el tapete que contiene el dibujo a configurar—.

Por último, el doble etérico juega el papel de elemento transmisor entre los aspectos psicológicos —emociones, deseos, pensamientos, recuerdos…— y puramente físicos. Estos aspectos son originados en los planos emocional y mental, para ser luego comunicados al cerebro físico. Y dado que el doble etérico no es inerte, la actividad psicológica influye en su desarrollo, lo cual, a su vez, repercute sobre el cuerpo físico sobre el que actúa como molde. Este fenómeno empieza a ser reconocido por la medicina moderna bajo las denominaciones de modelo biopsicosocial y conexión mente-cuerpo.

Hay que destacar el hecho de que el doble etérico puede verse separado temporalmente del cuerpo físico denso de resultas de una conmoción, por el efecto de la anestesia y en el contexto de estados de trance. Sin embargo, permanece siempre unido al cuerpo denso por un hilo constituido por su propia materia, una especie de «chorro de energía» llamado «cordón de plata» en *Eclesiastés* (12:6).

La existencia del doble etérico y del cordón de plata permite explicar por qué tienen lugar las experiencias cercanas a la muerte: aunque el cuerpo físico, aparentemente, haya fallecido, no lo ha hecho si el cordón de plata no se ha roto y, por lo tanto, sigue proporcionándole vitalidad.

Cuando llega el momento de la verdadera muerte del cuerpo físico, el cordón de plata se rompe y el doble etérico sí se separa de él, por lo que la vitalidad cesa de fluir. Entonces, el doble etérico, finalizada su función en esa encarnación, permanece cercano al cuerpo físico fallecido —al cadáver o a sus cenizas— y se desintegra gradualmente en el plazo de dos a cuatro días.

El cuerpo emocional

En cuanto a lo que al cuaternario perecedero se refiere, los seres humanos no habitamos solo en la dimensión física. El mundo emocional habita en el plano astral, y el mundo mental habita en el plano mental. Esto es así en todo momento, pero como tenemos la consciencia muy centrada en el plano físico, no nos damos cuenta. Cuando nos dormimos, la consciencia se libera y se sitúa en el plano astral. Entonces decimos que hacemos viajes astrales… En realidad, siempre estuvimos ahí.

El cuerpo emocional se compenetra con la forma física y, como señala John Algeo en *Teosofía: Curso de estudio introductorio,* se extiende un poco más allá tanto del cuerpo físico denso como del doble etérico. Es el vehículo de los sentimientos y deseos, lo cual abarca desde las pasiones más terrenales y egoicas hasta las emociones más inspiradoras y altruistas. Con relación a las primeras, el cuerpo emocional es el origen de las tendencias biológicas e instintivas que el ser humano comparte con los animales y que distintas corrientes espirituales llaman kamásicas. En cuanto a las emociones más elevadas, se encuentran ligadas a cualidades del alma humana y se las denomina manásicas —más adelante se entenderá el porqué—.

Por lo tanto, *kämas* no constituye la totalidad del componente emocional de la persona, sino solo su aspecto inferior; esto es, los sentimientos egoístas, las pasiones groseras y las inclinaciones agresivas. Junto a ello, el ser humano tiene igualmente emociones de perfil superior o manásicas: la aspiración espiritual al amor, la compasión, la empatía, la simpatía, la inspiración, el compartir con los demás, la cooperación, la solidaridad y un amplio etcétera.

Annie Besant explicó que las emociones kamásicas tienen lugar por medio del astral inferior, mientras que las de tipo manásico lo hacen a través del astral superior. Con todo, es importante no olvidar que lo kamásico, que impulsa a sumirse en la materialidad, cumple un notable papel en el proceso evolutivo. Y, en combinación con el prana, aporta una energía motora necesaria a la vida humana. En este punto, el desarrollo espiritual ha de conducir al dominio y la purificación de *käma,* hasta que esa energía quede solo como poder motor y sea completamente dirigida hacia la voluntad manásica —la Voluntad espiritual que está más allá del deseo y del yo físico, emocional y mental—.

En cualquier caso, el cuerpo emocional queda fuera de la visión normal de la gente, tal como le sucede al cuerpo mental, que se examinará en el próximo apartado. Sin embargo, ambos son reales: todos los seres humanos experimentan sus energías, y han sido descritos por parte de aquellos que tienen el don de la clarividencia.

Concretamente, los clarividentes describen el cuerpo emocional en movimiento constante y con una apariencia radiante —debido a esto se le llama también cuerpo astral, del griego *astron,* 'estrella', aunque este apelativo puede inducir a confusión, pues se le otorgan distintos usos y sentidos— e indican que el cuerpo emocional de una persona espiritualmente evolucionada está lleno de colores luminosos, mientras que el de una persona menos evolucionada tiene tonos más oscuros. Cuando emociones tales como el egoísmo, la ambición, la lujuria, la envidia, la ira, la venganza, la gula o los celos son frecuentes, los colores predominantes son marrones oscuros, verdes barrosos y lívidos rojos.

Para entender cómo funciona hay que tener en cuenta que, mientras el cuerpo físico duerme, la consciencia continúa operando en el cuerpo emocional —a veces, experiencias de este cuerpo llegan hasta el cerebro físico en forma de recuerdos de sueños u otras impresiones—. La mayor parte de la materia que lo conforma está concentrada dentro de los límites de la forma física y, dado que durante las horas de vigilia la mayoría de las líneas de fuerza del cuerpo emocional siguen la silueta del cuerpo físico, tiende a mantener la misma forma y apariencia durante el sueño. Por ello, la forma de la persona es reconocible en el mundo emocional. También existe un campo de energía mayor o aura, que se extiende alrededor del cuerpo y refleja las emociones dominantes en un momento dado.

No obstante, durante la vida física el cuerpo emocional no toma realmente forma. Esto solo sucede después de la muerte, cuando la fuerza kamásica —una energía semiinteligente que actúa a través de la naturaleza emocional del ser humano durante su vida material y que, después del fallecimiento, interactúa con la materia astral de la persona— asume la forma de esferas concéntricas que aparecen organizadas en consonancia con el tipo de vibraciones de dicha materia.

El cuerpo mental

Los vehículos examinados en los apartados anteriores son compartidos tanto por el ser humano como por el reino animal. Lo que marca la diferencia entre ambos es la facultad de razonar, cuyo responsable es el principio mental o *manas* —término que significa literalmente 'capacidad de pensar'—. Numerosas tradiciones espirituales consideran que este principio es una especie de rayo o proyección de la Mente eterna e infinita —*mahat,* en sánscrito—, una colosal Inteligencia impersonal que rige la Vida universal y que lo interpenetra y anima todo, a la par que lo transciende. La mente humana no es más que un reflejo de esta Mente funcionando a través del cerebro.

De esta forma, en el ámbito mental de las personas cabe distinguir dos grandes niveles: el inferior y el superior. En el inferior, pensar es un modo de ordenar las percepciones basado en las apariencias y las interpretaciones de la realidad que transmiten los sentidos corpóreo-mentales, las cuales son retenidas por la memoria. En el nivel superior, pensar significa crear, actuar y entrar en conexión directa con la esencia de lo que se percibe.

Por más que ambos niveles estén siempre interactuando, la distinción entre los dos es muy importante. En el caso del primero, el *manas* inferior se concreta como el cuerpo mental —perteneciente al cuaternario perecedero—; en el caso del segundo, el *manas* superior se hace presente en el cuerpo causal —perteneciente al ternario imperecedero—.

El *manas* inferior está en contacto con los elementos kamásicos y tiende a asociarse con ellos, lo que provoca el llamado *käma-manas* —literalmente, 'mente de deseos'—. Cuando el *manas* inferior prepondera, la inteligencia está puesta al servicio de la satisfacción de los deseos y pasiones de menor rango vibratorio que surgen y se desenvuelven en la esfera emocional. Dado que la emoción y el pensamiento están interrelacionados, los cuerpos emocional y mental están estrechamente vinculados, y, funcionando en coordinación, producen diversos tipos de pensamientos-emociones, cada uno de los cuales refleja su propio color especial en el aura. Por ejemplo, los clarividentes ven el orgullo como un color anaranjado; el miedo, como un lívido gris; y la irritabilidad, escarlata.

La asociación entre *manas* y los componentes perecederos produce el nacimiento del yo personal, que no es una entidad real, sino una ilusión y una invención mental: se concibe a sí mismo como una entidad independiente y autodeterminada cuando en realidad es el producto de innumerables influencias involuntarias; es el resultado físico-psicológico de la genética de sus ascendientes, la alimentación, influencias diversas —familiares, sociales y culturales—, las experiencias que se han tenido y, de manera muy notable, las tendencias acumuladas en vidas anteriores y que se manifiestan en esta.

De la mente concreta a la mente abstracta

Antes de proceder a presentar el ternario superior, se hace necesario ahondar en la expresión del principio mental, que, como se ha expuesto en el anterior apartado, tiene una doble manifestación, como *manas* inferior y como *manas* superior.

La evolución desde el reino animal al ser humano conlleva la formación del alma individual de cada persona, que mora en el plano mental superior, en lo que se denomina cuerpo causal. Esta alma está más allá de la muerte y reencarna en las diversas personalidades —principios o vehículos perecederos— que se tienen a lo largo de la cadena de vidas que configuran la encarnación en el plano humano.

El *manas* superior vibra en sintonía con el alma y sus cualidades y es también la fuente de la autoconsciencia, o capacidad de reconocerse a uno mismo como centro de consciencia —«yo soy», «yo existo…»— y como identidad permanente que no varía en un escenario donde todo cambia constantemente.

La incidencia progresiva del *manas* superior en el ser humano no viene «impuesta desde arriba» sino que tiene su origen en una vocación presente en el *manas* inferior. Y es que una parte del *manas* inferior o cuerpo mental permanece siempre pura y aspira hacia lo espiritual. Se denomina *antahkarana* a esta porción del *manas* inferior que es una con la superior, una especie de puente o punto de conexión entre ambos niveles. El material para construir y desarrollar este «puente», con el fin de que se despliegue lo máximo posible y permita que las cualidades del Yo Superior tomen presencia creciente en la vida, deriva de la orientación de la mente hacia lo transcendente, en el sentido amplio del término, y la consiguiente expansión de la mente abstracta. Esta orientación ha de cristalizar en la reflexión, la atención, la concentración y la meditación y el estudio y el trabajo perseverante en relación con todo lo relativo a asuntos y temas que van más allá de los aspectos materiales del día a día.

En síntesis, en toda persona que tiene cierta madurez espiritual se mueven dos fuerzas contrapuestas, que ejercen su influencia sobre *manas*: *käma* y *antahkarana*. Como afirmó Blavatsky, la primera tiende hacia abajo, hacia los deseos y pasiones animales; y la segunda gravita hacia Buddhi, el alma universal.

Al inicio de ciclo de reencarnaciones en el plano humano, la atracción hacia *käma* es muy fuerte y la inteligencia manásica solo es usada para satisfacer los deseos del cuaternario perecedero. Con el devenir en la cadena de vidas y por las experiencias desarrolladas, la consciencia comienza a desenvolverse, lo transcendente y espiritual va tomando cuerpo en la vida de la persona, se avanza en la construcción y desarrollo de *antahkarana,* la influencia de lo superior —el alma humana, en particular, y todo el Yo Superior, en general— sobre los principios y vehículos perecederos —cuaternario inferior— se hace cada vez más patente y, finalmente, *manas* extiende su consciencia hacia Buddhi.

Cuando el *manas* inferior se une al superior, estamos ante una persona sabia y virtuosa. Y cuando *manas* se une a Buddhi, la consciencia experimenta una transformación y se torna divina. No obstante, antes de que esto último se haga permanente en la persona, se vive de forma temporal.

La tríada imperecedera

Si siguiésemos con el orden en que hemos presentado el cuaternario inferior, deberíamos presentar los cuerpos del ternario superior en este orden: cuerpo causal, Buddhi y Atma. Sin embargo, se entenderán mejor si se invierte el orden de la presentación, pues en realidad tiene lugar un proceso de diferenciación desde lo más inefable y total hasta lo más concreto e individual.

Atma

Se suele identificar Atma con el Espíritu o Mónada, aunque la naturaleza de este último es más inefable. El Espíritu es, expresado metafóricamente, el aliento de Dios —de hecho, la palabra espíritu deriva del latín *spiro,* que significa 'aliento'—. Es la chispa divina que mora en todo, que lo alienta todo, que lo sostiene todo, que se integra en todo. Es el aspecto más puro y elevado tanto del ser humano como de todo cuanto existe, de cada cosa que es o vive en el cosmos, sea sensible o no. Puede ser definido como la esencia divina y la Vida Una que está en todo y como la radiación universal y vibración pura y primigenia de lo Absoluto e Inmanifestado.

El Espíritu o Mónada se va diferenciando con el fin de acabar por experimentar el mundo de lo concreto, y el plano átmico es el primero al que se proyecta desde los planos superiores donde despliega su existencia.

El Espíritu no es de nadie y a la vez está en todos, de la misma manera que el aire que respiramos no es de nadie y todos nos lo hacemos propio, lo incorporamos a nuestro propio espacio. De forma análoga, cabe considerar que Atma es el espacio particular que cada ser humano, en su genuina esencia divina, ocupa en el seno del Todo, en el océano del Espíritu. Es así como el componente átmico es el más elevado de la constitución septenaria del ser humano. La onda vibratoria básica del plano átmico es la Voluntad; el ser humano que está en conexión con ella presenta un fuerte anhelo espiritual de unión con el Todo.

Buddhi o alma universal

Proyectado el Espíritu o Mónada en Atma, para proseguir con su proceso de diferenciación precisa de un instrumento que sea tanto lo suficientemente sutil para asimilar una naturaleza tan inefable como lo pertinentemente válido y eficaz para profundizar en su conexión con los mundos materiales. Este instrumento es Buddhi —conocido también como alma universal—, que cabe definir como el vehículo de Atma.

Utilizando la terminología cristiana, Buddhi es la Consciencia Crística y simboliza el Cristo naciente y presente en el ser humano. Su onda vibratoria básica es la Sabiduría.

Así como el Espíritu es uno, el alma universal también lo es. A la vez, y dado que el Espíritu se halla en cada ser humano a través de Atma, Buddhi está también en cada ser humano. Eso sí, puede estarlo de modo pasivo o activo:

— En el primer caso, Buddhi está en la persona como vehículo de Atma, pero sin que las cualidades espirituales que le son propias (sabiduría, compasión universal, bienaventuranza suprema, paz, intuición, filantropía…) influyan realmente en la vida del individuo y sean accesibles desde su personalidad, de modo que permanecen latentes.

— En el segundo supuesto, en la medida en que el ser humano avanza en su proceso evolutivo y espiritual, se va despojando de los elementos emocionales de baja gama vibratoria, equilibra su mundo mental concreto, expande su mente abstracta, abre y despliega *antahkarana* y une su principio manásico a Buddhi. Por medio de esta unión con *manas,* Buddhi deja de ser algo latente y se convierte en una fuerza activa en los planos inferiores, a los cuales hace llegar las cualidades espirituales antes reseñadas.

Una vez que se produce la conexión entre *manas* y Buddhi, el cuerpo mental o *manas* inferior, ya purificado de los elementos kamásicos, se transforma en un medio que utiliza la consciencia superior para operar e interactuar en los planos inferiores.

El cuerpo causal

El cuerpo causal es el vehículo por medio del cual la autoconsciencia individual —también denominada alma— se expresa en el mundo a través de una serie de personalidades. Está compuesto de una materia tenue —o energías de gran frecuencia— perteneciente al plano mental superior. La consciencia que opera en este plano es nuestro verdadero Yo —el aspecto de nosotros que encarna en los cuerpos inferiores para ganar experiencia a través de ellos—. Así como la onda vibratoria básica de Atma es la Voluntad y la de Buddhi es la Sabiduría, la del cuerpo causal es la Actividad.

Como se ha avanzado en anteriores apartados, el cuerpo causal está en el nivel de la mente o *manas* superior. Esta mente está asociada al pensamiento abstracto y transcendente —de perfil científico, filosófico, espiritual…— y es el depósito del conocimiento y las capacidades innatas.

El cuerpo causal recibe este nombre porque en él se preservan las causas que, tarde o temprano, se convierten en efectos en el mundo externo y visible. Estas causas no son «cosas» que se «depositen» en un lugar denominado cuerpo causal, sino que son posibilidades vibratorias.

Si lo entendemos en este sentido, podemos decir que el cuerpo causal es el repositorio permanente del tesoro que hemos acumulado a través de las experiencias de pensamiento, sentimiento y acción que hemos vivido gracias a nuestros cuerpos inferiores a lo largo de nuestra cadena de vidas.

Los frutos de cada vida son registrados y guardados en el cuerpo causal en forma de capacidades que son absorbidas en él después de la muerte del cuerpo físico y tras haberse producido la disolución del vehículo etérico y la disolución o el vaciado de los vehículos emocional y mental. Eso sí, solo lo bueno, verdadero y bello entra en el cuerpo causal, porque sus vibraciones son tan sutiles que no responde a lo que es grosero, falso o feo.

Al comienzo de la evolución humana el cuerpo causal es pequeño y casi incoloro, similar a una burbuja o a una película delicada. Y a medida que evolucionamos, los efectos de nuestros buenos pensamientos, sentimientos y acciones son registrados gradualmente en este cuerpo, el cual va tomando un mayor colorido y va aumentando de tamaño, aunque muy lentamente. Por ejemplo, el afecto no egoísta brilla con un color rosa pálido; el trabajo intelectual, amarillo puro; la devoción, azul claro; la simpatía, verde brillante; y la espiritualidad, lila o lavanda.

Finalmente, la persona alcanza el estadio de una visión no egoísta o impersonal del mundo. Entonces, las vibraciones del cuerpo causal se presentan, ante los ojos clarividentes, como colores especialmente luminosos. Las vivencias y experiencias beneficiosas de cada vida física que dejamos atrás se incorporan en el cuerpo causal en forma de capacidades incrementadas, hasta que este cuerpo llega a convertirse en un globo de luz brillante, lleno de radiantes rayos de amor y sabiduría.

Personalidad, Individualidad y Mónada

Antes de presentar los siete cuerpos se hizo mención al hecho de que el cuaternario perecedero constituía la personalidad del individuo, mientras que el ternario superior conformaba su Individualidad. Vale la pena que examinemos más de cerca estos componentes y que, además, no confundamos ninguno de ellos con la Mónada o Espíritu.

La personalidad

La personalidad es la consciencia humana limitada y corriente que opera por medio de los cuerpos físico —denso y etérico—, emocional y mental. Como estos vehículos son efímeros y se forman de nuevo a cada encarnación, la personalidad es una manifestación temporal que se disuelve y desaparece al ir destruyéndose estos cuerpos, uno tras otro, después de la muerte.

Si bien la consciencia que opera por medio de la personalidad es un tenue rayo de la Consciencia Divina, se ha olvidado de este origen divino por culpa de las limitaciones e ilusiones de los planos en que opera. Es así como nace la entidad temporal que es la personalidad, la cual se cree independiente y separada de las otras personalidades. Se mueve sobre el escenario del mundo durante unos años, se retira a un plano más sutil —el del tránsito— después de la muerte del cuerpo físico y, después de pasar un tiempo más o menos largo en dicho plano, acaba por disolverse y desaparece para siempre.

Los seres humanos, al identificarse con esta entidad ilusoria, se mantienen inmersos en sus intereses triviales y viven y mueren en esta ilusión. Pasan de vida en vida y viven una y otra vez inconscientes de cuál es su verdadera naturaleza.

La Individualidad

La Individualidad es el siguiente componente de nuestra constitución interna. Es conocida como el Yo Superior —nosotros también la denominamos el Conductor— y actúa por medio de los vehículos causal —*manas* superior—, búddhico —intuicional— y átmico —volitivo—. La Individualidad representa el elemento espiritual en el ser humano y es el Yo Inmortal que dura vida tras vida y desarrolla gradualmente todos los atributos y poderes divinos que lleva dentro de sí, durante el largo período de su evolución.

Los tres cuerpos superiores están entretejidos e imparten una especie de unidad a la consciencia que opera por medio de ellos. Esta consciencia unificada es la autoconsciencia. El ser humano, en tanto que Yo Superior, es consciente de aspectos cruciales: sabe que su naturaleza es divina e inmortal. Reconoce la unidad de la vida y el hecho de que está unido con dicha vida. Es consciente del propósito divino que impulsa la evolución. Tiene memoria de todas sus vidas pasadas, las cuales ha experimentado por medio de personalidades sucesivas. Puede identificarse en la consciencia de todos los seres vivientes por medio del vehículo búddhico. Y puede alcanzar la consciencia divina por medio del vehículo ātmico.

El conocimiento, la sabiduría y el poder, que son atributos de la vida divina, aparecen en la Individualidad en medida siempre creciente, en el transcurso de la evolución.

La Mónada

El Yo Superior inmortal, que es el elemento espiritual presente en el ser humano, no constituye todavía el aspecto superior de su naturaleza. Dentro de él mora eternamente el Espíritu o Mónada, sobre la cual no podemos formarnos ninguna idea, aunque es el corazón mismo de nuestra existencia.

La interacción entre los tres componentes

Siguiendo a I. K. Taimni en su obra *Conocimiento de sí mismo,* cada componente inferior es una expresión parcial y más limitada del componente que le sigue por encima. Y su propósito, en el esquema de la evolución, es el de ayudar al desenvolvimiento de ese componente superior.

La función de la personalidad como contribuyente al desarrollo de la Individualidad se entiende mejor observando el crecimiento de los árboles.

Un árbol echa hojas nuevas cada año en primavera y, por medio de su follaje, absorbe dióxido de carbono, el cual, tras experimentar muchos cambios, es asimilado en el cuerpo del árbol y contribuye a su crecimiento. Luego, se desprende de sus hojas en otoño, pero antes recoge dentro de sí la savia enriquecida, para volver a verterla la primavera siguiente en las nuevas hojas. Año tras año se repite este proceso y el árbol va creciendo en tamaño y vigor.

De forma similar, la Individualidad toma un nuevo juego de cuerpos en los planos inferiores y vierte una porción de sí misma en cada nueva personalidad que así se forma. Esta personalidad vive su lapso en la tierra y recoge un número de experiencias, pero, antes de disolverse y desaparecer, entrega la esencia de sus experiencias a la Individualidad, con lo que la enriquece y ayuda a crecer. De este modo, cada encarnación sucesiva sirve para perfeccionar más las facultades y los poderes latentes de la Individualidad, lo cual la capacita para expresar más eficientemente la vida divina.

De la misma manera, la Individualidad es una expresión parcial de la Mónada y ayuda a esta a desarrollarse —aunque este verbo apenas da una idea de ese proceso en los planos superiores—, la cual se manifiesta, a su vez, en el despliegue gradual de las cualidades y los poderes divinos presentes en la Individualidad. Lo interno y lo externo, lo superior y lo inferior, van afectándose recíprocamente en todo momento, y así se lleva a cabo el proceso que percibimos como evolución o desenvolvimiento.

Mientras la consciencia siga confinada en la esfera de la personalidad y nos identifiquemos con esta entidad ilusoria que nace en cada encarnación, somos ella a todos los efectos prácticos y compartimos su destino. Pero si nuestro centro de consciencia se desplaza de la personalidad a la Individualidad y nos damos cuenta —no solo pensamos o sentimos— que somos esa entidad espiritual consciente de su naturaleza divina, entonces la personalidad queda reducida a una pertenencia nuestra, igual que un traje, y no nos afecta lo que le suceda.

Así pues, el objetivo de la vida espiritual consiste en trasladar nuestro foco de consciencia, que ahora está situado en la personalidad, a la Individualidad. Y, a partir de ahí, vivir desde este otro centro, usando la personalidad como un mero instrumento para actuar en los planos inferiores.

Cuando logramos hacer esto, seguimos trabajando por medio de nuestros cuerpos físico, etérico, emocional y mental, pero ahora somos conscientes, en cada momento, de nuestra naturaleza superior, y de la distinción que cabe hacer entre el verdadero Yo y los cuerpos que usamos en los planos inferiores.

El hecho de establecer la consciencia en el terreno espiritual nos confiere libertad, inmortalidad y felicidad, porque nos independiza de la personalidad, la cual está sujeta a toda clase de limitaciones, como la muerte. La inmortalidad y la paz no pueden encontrarse jamás en la esfera de la personalidad.

En las últimas etapas de evolución, el foco de la consciencia se traslada más adentro aún y se estabiliza en el plano de la Mónada, desde donde controla la vida de la Individualidad. El foco de la consciencia se mueve siempre hacia dentro, hacia el Centro divino de nuestro ser. Esto es la evolución espiritual, la cual nos lleva a comprender cada vez más nuestra divinidad.

Como ya se ha apuntado y veremos con mayor detalle en la segunda parte, cuando nos sobreviene la mal denominada muerte abandonamos el cuerpo físico inmediatamente y el etérico poco después. Y entramos en el espacio denominado el tránsito, en el cual los cuerpos emocional y mental deben disolverse —en la mayoría de los casos— antes de que la tríada superior pueda entrar en esferas más elevadas.

Lo que se disuelve sin lugar a dudas, aunque pueda quedar el cascarón vacío del cuerpo emocional y mental, es la personalidad. La resistencia que presentemos en relación con dicha disolución es lo que ocasionará que la estancia en el plano del tránsito sea más o menos larga y más o menos dolorosa. Este es el motivo por el cual nos hemos explayado en la constitución septenaria del ser humano en este capítulo: para ayudar al lector a tomar consciencia de su naturaleza divina y de su cometido evolutivo hacia la trascendencia de sus aspectos más personales.

Si vives la vida consciente de su ineludible conexión con una Vida mucho más larga, relativizarás cualquier enfoque de carácter egocéntrico que puedas tender a adoptar, y esta mayor consciencia te facilitará un mejor tránsito —y, cómo no, constituirá un impulso importante en tu evolución—.

El tránsito

3
Entre la muerte y el tránsito

Formas de desencarnar

En el segundo capítulo se equiparaban los cuatro cuerpos perecederos —el físico, el etérico, el emocional y el mental— con el coche que utilizamos para vivenciar la experiencia humana, y los tres cuerpos que transcienden la muerte —el cuerpo causal, Buddhi y Atma— con el Conductor, que es lo que realmente somos.

En este contexto metafórico, podemos decir que cuando se produce la muerte el Conductor sale del coche. Esta analogía sería muy simple si la muerte fuese un acontecimiento de un instante, pero lo único que tiene lugar de forma instantánea es el abandono del cuerpo biológico. Cuando este se produce, aún están pendientes de disolución el cuerpo etérico, que tiene lugar en pocos días, y los cuerpos emocional y mental, que se prolonga por más tiempo. Solo al final de este proceso, que coincide con el final de la estadía en el tránsito, el Conductor sale del coche plenamente, es decir, se ve libre de los componentes perecederos.

Por este motivo, mientras desarrollemos el tema del tránsito deberemos entender que el Conductor no mora en dicho espacio «en estado puro», sino que sigue identificado con sus componentes emocionales y mentales hasta que logre la disolución de estos

—cabe mencionar que, en casos excepcionales, el cuerpo emocional y el mental no se disuelven completamente, y quedan por un tiempo en el tránsito como cascarones vacíos—.

La muerte del cuerpo biológico no es un acontecimiento casual. Es decidido por el Conductor, tanto en lo relativo a la forma en que se produce como en cuanto al momento en que tiene lugar. Y ¿qué es lo que determina «el día y la hora»? Pues el sentido que tiene el Conductor de «misión cumplida» —de haber vivido aquello para lo que encarnó— o bien la certeza de que ya no va a tener las experiencias que lo motivaron a tomar el vehículo físico. En ambos casos, la muerte es el equivalente a detener el coche y salir de él —no nacemos porque sí sino con el fin de tener unas determinadas vivencias, que son conocidas en conjunto como el plan del alma—.

Asimismo, he apuntado que la forma de abandonar el cuerpo biológico no es casual. Como sabemos todos, la muerte puede tener muchos factores desencadenantes. En función de estos, el desenlace es más abrupto o más paulatino, y lo que se vive previamente a este es muy diverso. La forma de dejar el cuerpo físico viene determinada por lo que es más conveniente según el proceso consciencial de la persona. Es el Conductor el que toma la decisión de cómo desencarnar. Ahora bien, la mayoría de las personas no están mentalmente sintonizadas con el Conductor; por eso no son conscientes de que este ha dispuesto ese accidente, o esa enfermedad, etc., como antesala del fallecimiento.

Llegado este punto, puede que te preguntes: ¿cómo puede estar «estratégicamente concebida» la muerte de un niño? Y también ¿qué ocurre cuando se producen muertes masivas, muchas veces de forma repentina? ¿Programaron todos esos Conductores dejar el coche a la vez?

En cuanto a lo primero, hay que decir que, efectivamente, hay Conductores que encarnan para tener vivencias de corta o muy corta duración en este plano. En muchas ocasiones, los fallecimientos tempranos tienen el objetivo fundamental de producir un gran impacto en la consciencia de las personas que rodean al niño o la niña. Obviamente, son cuestiones muy delicadas de tratar, puesto que es fácil quedarse atrapado en la desolación y la sensación de injusticia o sinsentido. Pero todo lo que nos ocurre en la vida tiene por objetivo impulsar la evolución del proceso consciencial. Podemos negar nuestras experiencias y avanzar más despacio —en realidad, no existe el estancamiento total—, o bien aceptarlas, integrarlas, transmutarlas y efectuar un gran avance.

Valga como botón de muestra el caso de José Luis de la Rica, una de las tres personas que han accedido a aportar ejemplos de casos para este libro: su labor de facilitador del contacto con el «más allá» vino precedida por la muerte de su hija primero, y su hijo después, en plena adolescencia y juventud, respectivamente —en el capítulo ocho se tratarán los pactos de amor entre almas; entonces quedarán expuestos con mayor detalle los motivos por los cuales puede ser inevitable que vivamos situaciones dolorosas en relación con personas que son significativas para nosotros—.

Perséfone nos aporta un caso que nos muestra que incluso la muerte de una criatura de muy corta edad tiene su sentido dentro del orden mayor.

* * *

Una visita informativa.
El caso de Elisa.

Tuve una clienta que estaba en duelo por la muerte de su nieta, Elisa, que había fallecido tan solo con seis meses de vida a causa de una enfermedad congénita.

La señora entró acompañada por el alma de Elisa, quien presentaba el aspecto de una mujer en plenitud.

Le pregunté por qué había muerto y me dijo:

—Porque mi aprendizaje era corto. Y estoy al servicio del aprendizaje de mi familia.

Evidentemente, cuando muere un niño esto afecta a toda la estructura familiar; tiene lugar un gran duelo. El alma de Elisa se había ofrecido para que la familia pudiese pasar por esa experiencia tan dura…

Y es que los acuerdos que tienen lugar entre las almas, los cuales se establecen antes de la encarnación, van más allá de nuestro entendimiento.

Dos meses después, el alma de Elisa se presentó ante mí, procedente del plano de luz. Le pregunté por qué había regresado y me dijo que había venido para explicarme que los niños mueren en función del aprendizaje que deben llevar a cabo. También quiso que supiese que nadie muere en soledad; que aunque uno fallezca solo en mitad del desierto, va a contar con entidades energéticas que van a asistirlo en ese momento. Además, me dijo que el instante de morir es siempre el adecuado; aunque la muerte se produzca de la manera más extraña posible.

Tras decirme esto, se fue; no pude preguntarle nada ni darle las gracias.

* * *

El segundo tipo de casos de fallecimientos que pueden parecer especialmente azarosos son los que implican a mucha gente, como anunciaba. Son aquellos en que se producen varias, o muchas, víctimas mortales a raíz del accidente que sufre un vehículo de transporte público, o a causa de algún desastre natural de envergadura, o de un atentado terrorista… Pues bien, tampoco en estos casos rige el azar. Se produce una sincronía perfecta que hace que estén en el lugar y en el momento señalados los individuos a quienes corresponde efectuar el tránsito. Por supuesto, siempre se dan los casos de quienes, mágicamente, no se encontraban en el lugar cuando «deberían» haber estado… No era su momento.

Hay dinámicas que van más allá de lo que puede aprehender la razón humana, pero que son sencillas para la «razón cósmica». Para tomar consciencia de ello basta con recordar que nos encontramos en un universo ingente, poblado por miles de millones de galaxias, cada una de las cuales tiene miles de millones de estrellas, las cuales a su vez tienen sus planetas… Todo ello se desplaza y convive en perfecta armonía. A otros niveles, podemos maravillarnos ante la organización existente entre los miles de millones de células que componen el cuerpo humano, o entre los átomos que componen todos los tipos de materia… En comparación, es un juego de niños «organizar» los fallecimientos colectivos. Ahora bien, ¿por qué tienen lugar estas confluencias? ¿Cuál es su sentido último?

En relación con ello, tengo una experiencia de primera mano.

* * *

Impacto en la sociedad.
Haití, 2010.

En ese año tuvo lugar el gran terremoto en el que fallecieron más de trescientas mil personas, y me uní a un grupo de meditación que se creó para mandar la mejor influencia posible a ese nutrido conjunto de almas.

Antes de empezar, creímos que íbamos a encontrarnos con cantidad de desencarnados desesperados en el tránsito, profundamente impactados por la forma en que habían fallecido.

Pero nos llevamos una gran sorpresa: todas esas almas habían desencarnado en medio de un gran gozo. Supimos que, antes del nacimiento, habían acordado morir de esa manera. Y que la finalidad de ello había sido producir un impacto sobre la consciencia colectiva de la humanidad.

* * *

Siempre que ocurren muertes masivas tiene lugar un efecto de choque. Las personas se vuelven de pronto más compasivas, más solidarias, toman mayor consciencia de la impermanencia… Se remueve algo en lo profundo del ser humano, lo cual constituye un acicate para su proceso evolutivo.

Cuando la causa de la muerte colectiva es un atentado terrorista, es de aplicación todo lo mencionado. Pero cabe añadir, en este caso, que conviene no dejarse llevar por los sistemas de creencias que invitan a juzgar el comportamiento de los terroristas con mucha dureza. Lo auténticamente valioso son los sentimientos de amor y compasión que se han despertado; si se le añade un componente de odio o de sensación de injusticia, ese hermoso brillo de la consciencia quedará eclipsado.

También entran en juego los sistemas de creencias cuando uno se siente movido a la compasión hacia los ciudadanos a quienes percibe más cercanos, por el hecho de que pertenecen a la propia cultura, mientras permanece indiferente ante el dolor de muchísimos otros seres humanos que mueren víctimas de la guerra, la violencia cotidiana o los atentados en otras latitudes. El amor y la compasión auténticos no conocen estas distinciones.

Por otra parte, en cierto sentido pueden considerarse fallecimientos colectivos los de las personas que mueren víctimas de la violencia de género. Lourdes Tornos, otra de las grandes fuentes de casos para este libro, aporta una interesante experiencia en relación con las muertes de género concebidas como un fenómeno colectivo.

* * *

Muertes en grupo.
Asesinatos de género.

Los informativos relatan, uno tras otro, asesinatos de género que acontecen en distintas localidades españolas. Todos se han dado con pocos días de diferencia, todos son impactantes, y decido ofrecer mi ayuda a las almas que lo deseen, pues la distancia no existe. Abro un campo de consciencia, conecto con las almas y espero.

Solo una mujer me pide ayuda para pasar a la luz. Mi percepción es que se encuentra en medio de un gran llanto. Siento su dolor, tanto el físico —por las puñaladas que recibió— como el emocional —por haber sido asesinada por su marido—.

En cuanto puedo conectar con ella y empiezo a ayudarla, las otras almas se activan y también reciben ayuda, aun sin pedirla, por parte de seres de luz que acuden en su auxilio.

Es como si todos los asesinatos estuviesen conectados y bastara la voluntad de recibir ayuda de una de las víctimas para que las demás pudiesen ser asistidas. Todas son elevadas a la luz.

Aunque eran personas que en el plano tierra no se conocían, en la muerte han estado unidas como familia de almas. Ha bastado que una tomara consciencia para que todas lo hicieran.

* * *

Dos de los casos que nos aporta Perséfone, que siguen a continuación, tienen que ver con la sensación de sinsentido asociada con determinados contextos de fallecimiento. En ambos queda patente que «hay razones que la razón ignora», pero que, de cualquier modo, todo está bien dentro del orden general.

* * *

¿Por qué?
El caso de Eusebio.

Eusebio era un compañero de trabajo, un gran profesor y persona, que falleció al intentar salvar a otro ser humano. Fue muy consciente de que estaba arriesgando su vida, pero hizo lo que creyó que era lo mejor, pues él siempre pensaba antes en los demás que en su propio bienestar, aunque ello implicase dar su vida, tal y como demostró en el momento de su muerte.

Cuando conectamos tras su fallecimiento, me preguntó qué tenía que hacer. Estaba dispuesto como siempre, preparado para lo siguiente. Le dije que podía despedirse de su familia y explicarles un poco por qué había arriesgado su vida. Me dio las gracias y se fue.

Durante los siguientes cuarenta días fue apareciendo en los despachos. Fue una experiencia muy bonita, porque su holograma estaba cada vez más brillante. Estaba preocupado porque su mujer y sus hijos lo estaban pasando mal, y por sus alumnos, y me pedía consejo. Yo le decía que les siguiese hablando, que aprovechara los momentos de duermevela, que les explicara lo que sintiera necesario expresar.

Durante ese período, la persona a la que Eusebio había intentado salvar falleció, y él fue consciente de ello. Entonces se sintió decepcionado. Vino a preguntarme qué sentido tenía que hubiese muerto él, dejando aquí a su mujer y a dos hijos de corta edad, si la otra persona también había fallecido. Le respondí que no lo sabía y que él estaba en mejor posición para descifrarlo.

Se fue, y me quedé preocupada porque sus apariciones habían sido muy lindas hasta el momento; estaba rebosante de amor. Sin embargo, debido a su decepción, su luz se había vuelto tenue. Por suerte, no había de qué preocuparse: en la siguiente ocasión se manifestó más brillante, si cabe, de lo que nunca lo había visto. Le pregunté si ya sabía la respuesta:

—No hace falta saberlo —me dijo.

Y ya no se presentó más veces.

Esta experiencia me ayudó a percatarme de que nunca voy a tener ese tipo de conocimiento. Hay cuestiones que no necesitamos saber; de hecho, no seríamos capaces de racionalizarlas. Solo una profunda aceptación de la muerte y la vida nos lleva hasta estados diferentes de consciencia, tal y como le pasó a Eusebio.

* * *

Con el ser fallecido al lado.
El caso de Miriam.

Miriam acudió a mí para recibir asesoramiento en su proceso de duelo y resultó que el ser fallecido al que estaba llorando vino con ella.

La causa de la muerte fue un accidente laboral, y Miriam no paraba de lamentarse, en una mezcla de pena y enfado:

—No entiendo lo que ha pasado. No es justo, fue una imprudencia, ya le vale…

Mientras tanto, él quería que le diese mensajes:

—Dile que no pasa nada. Es verdad que cometí una imprudencia, pero era porque mi tiempo se había agotado; era el momento en que me tenía que ir. Dile que estoy bien, que no se preocupe, que esto no es tan malo, que no es como nos lo han contado. Y dile que va a estar bien, que se deje ayudar por ti.

Pero yo, como asesora de duelo, no le puedo decir a mi cliente lo que su ser querido me transmite, pues el marco no es el adecuado para este tipo de diálogo. Como solución le dije al fallecido que transmitiese a Miriam en sueños lo que quisiese comunicarle. Y así lo hizo.

En la siguiente sesión Miriam me contó que había tenido un sueño en que él le daba explicaciones. Me dijo que aún no lo acababa de entender, pero que estaba más tranquila. Además, el fallecido ya no la acompañaba.

* * *

En estos dos casos narrados por Perséfone se hace referencia a la capacidad que tiene el ser que está en el tránsito de comunicarse con sus seres queridos. Es un tema que expondré en el capítulo cinco, pero sirvan ya estos como ejemplo de una realidad: esta comunicación puede producirse en sueños.

Señales anticipatorias

Se nos ha educado en la creencia de que no sabemos cuándo se producirá nuestro óbito. Pues bien, esto no es exactamente así. Nuestro Conductor nos manda señales para que seamos conscientes de que se acerca el momento del fallecimiento y nos preparemos. Ahora bien, lo habitual es que la mente del coche, absorbida por todo lo inmediato, no repare en ello.

Sirva mi propio testimonio como ejemplo de lo que digo. En agosto de 2010 recibí las suficientes señales como para que me quedase claro que se acercaba la hora de mi fallecimiento. Tuve la certeza entonces de que había amortizado mi vida; es decir, de que había tenido las experiencias fundamentales que mi Conductor había programado. Tres meses después, en noviembre, fue cuando sufrí el accidente bajando de un monte.

El motivo pude discernirlo un año más tarde. De hecho, incluye dos razones. Una de ellas era que iba a dedicarme a transmitir seguridad a la gente; algo importante en estos tiempos que vivimos como humanidad, en el proceso de recordar lo que somos.

La esencia del alivio que intento transmitir es esta: estemos muy tranquilos, pues todo lo que nos ocurre es por alguna razón, bien conocida por el Conductor, aunque la mente sea incapaz de descifrarla. Y estemos atentos a las señales, a las sincronías: ¡no hay casualidades!

En segundo lugar, regresé también con esta finalidad: experimentar el gozo de vivir. Son las experiencias que vivimos, no aquello que intelectualizamos, lo que nos va conduciendo por el proceso de recuerdo de lo que somos. Por eso te digo: ¡saborea plenamente todo lo que te brinde la vida en este plano!, procurando no hacer la distinción mental típica entre las experiencias buenas y las malas, las positivas y las negativas. Para la consciencia, todo tipo de vivencias son de extremo valor.

Las señales relativas a la proximidad de tu fallecimiento constituyen solo una categoría de indicios. Recibes muchas más señales, de muchos tipos, a lo largo de la vida, relacionadas con la razón por la que estás aquí. ¿No las ves, no las oyes? Sosiégate. De vez en cuando siéntate en un lugar tranquilo o pasea por un sitio que te aporte paz. Ello debería bastarte para entrar en otro ritmo más tranquilo. Además, no huyas del pensamiento de la muerte. El hecho de adquirir una mayor familiaridad con este acontecimiento tan natural de la vida te permitirá desprenderte de muchos miedos y cargas y, en última instancia, ser más feliz.

La buena muerte

Cuando sepas que un ser querido está próximo a fallecer, no se lo ocultes. Sí, sé que te estoy haciendo una recomendación contracultural. En el contexto del pavor que siente la sociedad en relación con la muerte, la gente no solo hace como si no existiese, sino que lo hace extensivo a los seres queridos que tienen una enfermedad terminal. Se les oculta por todos los medios la gravedad de su situación e incluso se les dan vanas esperanzas. Sin embargo, antes mencionaba que la muerte puede producirse de muchas maneras y que ninguna es casual. Una de ellas es que esté precedida por una enfermedad. Esta modalidad permite que la persona pueda prepararse mental, emocional y espiritualmente... si se le da la oportunidad. Es decir, si se le deja claro que va a dejar el cuerpo próximamente.

Tal vez tengas miedo de dar esta información al enfermo terminal porque «nunca fue una persona espiritual», al fin y al cabo... Pero merece tener la oportunidad de despedirse de este plano, a su manera, según lo que le indique su vibración en consciencia. Tal vez no va a rezar, pero querrá expresar a sus seres queridos lo mucho que los quiere. O cerrar círculos abiertos, o poner fin a viejas rencillas...

Es habitual que se produzca una inversión de valores ante la inminencia del fallecimiento, en que lo poco importante se olvida y lo más valioso —lo auténticamente valioso— aparece realzado. Por eso es fundamental que la muerte aparezca envuelta en esta consciencia. Así pues, ofrece una comunicación franca al enfermo, en cuanto a su situación y el tiempo que le queda de vida. Tanto él/ella como tú podréis vivir unos momentos muy especiales, extraordinarios, a partir de lo que suscite esta franqueza.

Cuando llegue el momento del óbito, la experiencia subsiguiente será muy distinta según si se han hecho o no estos «deberes». No tiene nada que ver la experiencia que va a tener en el tránsito alguien que se haya ido en paz y la que va a tener quien no haya hecho nada de esto. ¡Tendrá el impulso de hacerlo desde el tránsito!, pero no podrá —en el mejor de los casos, su acción va a verse limitada a lo que sea capaz de transmitir en sueños a las personas implicadas—, con lo cual sufrirá innecesariamente y se demorará en su proceso de desapego. El Conductor deberá desprenderse del cuaternario inferior de todos modos, pero es muy posible que necesite bastante más tiempo para completar el proceso.

Conozco el caso de un hombre que vivió en un pueblo de Extremadura y que falleció como consecuencia de un cáncer sin haber sido consciente de la gravedad de su enfermedad. De modo que murió con una serie de círculos por cerrar.

* * *

Asuntos pendientes.
Un hombre adinerado.

El señor de Extremadura al que acabo de hacer mención había dispuesto en el testamento lotes de propiedades, homogéneos en cuanto a su valor económico, para que fuesen sorteados entre los hijos. Uno de estos lotes incluía la casa del pueblo donde había vivido el testador, una mansión antigua y señorial a la cual tenía muchísimo cariño. Pues bien, esta le tocó al hijo que tenía más problemas económicos, el cual, necesitado de liquidez, la puso en venta de inmediato. Resultó que la compró el enemigo acérrimo del difunto padre, alguien con quien el fallecido había tenido muchos enfrentamientos a lo largo de su vida.

Al comprador siempre le había gustado esa casa, y tuvo la oportunidad de adquirirla de esta manera. Ahora bien, el desencarnado que estaba en el tránsito fue consciente de este hecho; y, presa de una gran carga emocional y mental, se propuso hacerle la vida imposible al nuevo propietario. De modo que empezó a manifestar los fenómenos de los que nos habla la parapsicología: ruidos, olores, movimiento de objetos, encendido y apagado de luces…

El nuevo propietario entendió que esto era obra de su difunto enemigo, de modo que optó por irse y vender la casa. La última información que tengo es que sigue en venta.

* * *

Es importantísimo que no dejemos asuntos pendientes, porque estos son elementos que sobrecargan nuestros cuerpos emocional y mental. Y una vez que hayamos desencarnado y estemos en el tránsito, tanto un cuerpo como otro serán considerablemente densos, lo cual dificultará su disolución. La consecuencia que cabe esperar es una demora considerable a la hora de acceder al plano de luz.

La mejor manera de preparar una buena muerte es por medio de una buena vida —entendida no como se hace habitualmente, sino como una alineada con el Conductor—. Mejor que tener que cerrar círculos es abrir los mínimos posible. Si vives en paz, morirás en paz. Entonces, ¿qué podemos hacer para fluir por la vida con naturalidad, sin crearnos cargas?

Un primer punto son las relaciones humanas. En la raíz de los conflictos interpersonales suele haber variadas formas de egoísmo o egocentrismo. En ello influye el estilo de vida imperante basado en el tener, retener, atesorar y acumular; no solo cosas, sino también personas.

Si creemos que hay personas que en cierto sentido son «nuestras» y que de algún modo nos deben algo, lo vamos a pasar mal. Si creemos que la sociedad nos debe algo, también lo vamos a pasar mal. Será fácil que seamos presa de los celos y las envidias. Por ello, te invito a vivir en el pleno reconocimiento de la dignidad intrínseca a todo ser humano. Y a que sustituyas el poseer y atesorar por la vivencia plena de las experiencias que te ofrece la vida.

Lo único que te vas a llevar de este plano es el impacto de tus experiencias; así pues, saboréalas todas. Imbúyete en ellas y, después, suéltalas mentalmente. Estar recordando lo que pasó, fuese agradable o desagradable, es un peso innecesario que no hace falta llevar a cuestas. Lo que has vivido está grabado en ti, forma parte de ti en forma de conocimiento vital, así que abstente de darle vueltas. Simplemente, ¡vive!

Sostener la consciencia de lo que no te vas a llevar te permitirá vivir con menos angustias y menos apegos. Ello favorecerá que seas una persona más afable y generosa en tus relaciones. Por lo tanto, abrirás menos círculos conflictivos. Comparte y colabora con los demás. Y no te olvides de expresar a las personas que son importantes para ti lo mucho que las quieres, y a tu manera: con palabras, con besos, con abrazos… Discúlpate cuando sea necesario y acepta las disculpas. Sé franco y procura no albergar resentimientos.

Asimismo, permite que la misma consciencia de lo que no te vas a llevar te conduzca a un mayor desapego hacia lo material. En base a esto, vive una vida más sencilla. Sé consciente de las necesidades que no son realmente tuyas, sino que te ha inducido la sociedad, y libera tiempo para estar contigo mismo. Detente de vez en cuando, medita, reflexiona. No te limites a dejarte arrastrar por la vorágine del estilo de vida preponderante. Permanece consciente de la temporalidad de esta existencia y valora las experiencias muy por encima de las cosas. Y sobre todo: sé fiel al plan de tu alma.

Sobre esta última cuestión escucho tu protesta —«¡Qué más querría yo que saber cuál es!»—; sin embargo, lo sabes. Cada uno de nosotros nacimos con determinados dones y talentos, y lo que espera la vida de nosotros es que los despleguemos. ¿Qué es lo que te apasiona hacer y sabes que haces bien? Permite que eso sea tu brújula.

Todas estas pautas pueden sintetizarse en una máxima: vive la vida. No la pienses. Hay muchas personas que no permiten que la vida las toque. Así se anestesian ante las situaciones de sufrimiento, pero tampoco gozan cuando llega el momento de hacerlo.

La vida nos pide que la vivamos, en todas sus facetas. Si nos brinda episodios alegres, estupendo. Si nos brinda episodios tristes, abrámonos para que eso cale en nosotros y desemboque en la transformación que nos aguarda. Cuando el dolor se vive con aceptación y con la comprensión de que es combustible evolutivo, se transmuta en libertad.

Y, sobre todo: no concibas la muerte como opuesta a la vida, sino como parte de ella. No es más que una puerta que conduce de una habitación de la vida a otra. Si vives con esta consciencia no tendrás el sentimiento de que debes protegerte de algo todo el rato. Entonces podrás abrirte a vivir realmente, sin acumular cargas y asumiendo todo lo que la vida tenga por darte. Tras el fallecimiento, conservarás esta apertura y pasarás rápidamente a la siguiente tanda de experiencias sin que haya nada que te mantenga atado a este plano.

El momento del nacimiento y el de la muerte no son lo único en lo que no rige el azar. En realidad, nada es azaroso. Absolutamente todas las experiencias que se presenten en tu vida son las que necesitas para tu proceso consciencial y evolutivo. Así pues, confía en la vida. Absolutamente. Sin reparos. Si la vida choca con tus creencias, dale la razón a la vida. Tus creencias no te van a salvar de nada; solo cuentan las experiencias. Por ello, en el fondo es irrelevante si crees o no en Dios, o en la vida más allá de la muerte, en un nivel meramente intelectual. Lo fundamental es: ¿estás llevando una vida coherente? ¿Estás siendo tú mismo? ¿Estás dando todo el valor a lo que en realidad importa? ¿Estás «viviendo»?

Todo esto es lo que debería entenderse por vivir una buena vida.

El abandono del cuerpo físico

Uno de los aspectos que temen muchas personas es, más que la muerte en sí, el dolor asociado con esta. La vida contiene, ciertamente, experiencias de dolor, las cuales tienen su papel en el proceso consciencial. Pero no tiene sentido asociar la muerte con el dolor. Si ambos aspectos de la existencia fuesen juntos, la gente experimentaría un dolor progresivamente fuerte hasta que acabaría por morir en medio de fuertes gritos, cuando la experiencia llegase al punto de ser insoportable. ¿Cuántas veces has visto que se produzca esto? Ninguna, seguramente. El dolor es aplicable al ámbito de la enfermedad y, en muchos casos, de los accidentes, pero no al de la muerte. Además, en muchas ocasiones el moribundo llega al momento del fallecimiento con el cuerpo físico sedado.

En la muerte nada hay que temer. Cuando llega el momento, el «cordón de plata» que une el cuerpo etérico con el físico se rompe y el individuo se eleva como si quedara libre de una gran atracción. Pero rara vez es consciente la persona del acto de abandonar su cuerpo. Se desprende de él como lo hace cuando entra en el sueño, tranquila y sosegadamente, sin dolor. Así pues, en muchos casos, el ser humano es tan inconsciente de que muere como de que se duerme. Pasa, por así decirlo, en un abrir y cerrar de ojos, de este mundo al espacio del tránsito.

La muerte no es sino liberarse para acabar entrando en una vida más hermosa. El nacimiento no es un principio. La muerte no es un final. Alcanza solo al cuaternario inferior y, al liberarnos de él, nos encontramos aliviados en gran manera del poder cegador de la materia.

De hecho, el Conductor que somos abandona el cuerpo biológico antes de que se produzca la muerte propiamente dicha. Cuando tiene lugar el estertor, el Conductor ya ha salido del cuerpo. Este lapso entre el momento de abandonar el cuerpo y la defunción es lo que posibilita que se produzcan las experiencias cercanas a la muerte: cuando el Conductor tiene la opción y la voluntad de regresar antes de que se produzca el óbito vuelve a habitar el cuerpo. Entonces tiene lugar una recuperación asombrosa —no necesariamente inmediata—, para sorpresa de los médicos, y la persona tiene la oportunidad de seguir viviendo. Y es que la dinámica de la vida y la muerte no está regida desde esta tercera dimensión en que nos encontramos.

El estado de consciencia antes y después del fallecimiento

Cuando hablábamos de la buena vida hacíamos referencia a la conveniencia de vivir menos apegados a lo material y de adoptar una perspectiva más profunda acerca de la vida y su relación con la muerte. Esto fomenta un estado de consciencia más despierto y menos aferrado a lo físico, lo cual nos va a venir muy bien cuando llegue el momento en que no podamos seguir teniendo experiencias en este plano, por medio de nuestro cuerpo biológico.

No debemos pensar que el hecho de fallecer y salir del cuerpo físico nos vuelve, de pronto, más sabios en algún sentido. Seguimos teniendo el mismo estado de consciencia que teníamos antes de desencarnar; más concretamente, el que habíamos logrado alcanzar en el momento del fallecimiento.

Hay muchas personas que no ven más allá de lo físico durante su vida; eluden cualquier cuestión transcendente y, por supuesto, cualquier consideración en torno al significado y la verdadera naturaleza de la muerte. ¿Qué ocurre cuando alguien muere en este estado consciencial? Lo más probable es que ni siquiera se dé cuenta de que ha fallecido —veremos con mayor detalle este fenómeno y sus implicaciones en el próximo capítulo—.

Quiero hacer un apunte para referirme a lo que ocurre cuando alguien muere sin un estado de consciencia definido por haber sido sedado en sus últimas horas o por haber entrado en coma. Cuando el moribundo recibe sedación, abandona el coche en ese preciso instante. Y cuando alguien está en coma, no está habitando en su cuerpo. Ha salido del mismo, y regresará a él o no en función de los planes del Conductor. Es importante tener la certeza de que nadie queda aprisionado dentro del vehículo físico. Este es un factor más en el conjunto de dinámicas perfectas que gobiernan la Creación.

Una amiga mía entró en coma a causa de un virus pulmonar y permaneció quince días en ese estado. Durante todo ese tiempo estuvo consciente y se paseó por toda el ala del hospital; efectuó «visitas» a los otros enfermos. Esto se constató porque mostró saber los nombres y detalles de la vida personal de pacientes que habían ingresado después de que ella entrara en coma, y que incluso recibieron el alta antes de que ella despertara. Así pues, ni la sedación ni el coma deben preocuparte. El estado de consciencia no se ve condicionado por ello. Este debe entenderse como la visión profunda que tiene la persona, la cual se conforma por medio de las experiencias que ha vivido y la manera en que las ha asumido. Tiene mucho más calado que las meras creencias y es la herencia que nos llevamos de este mundo; una herencia que ninguna circunstancia puede arrebatarnos.

Inmediatamente después de desencarnar

Mientras el doble etérico se está separando del cuerpo, y justo después, pasan por los ojos de la mente de la persona los acontecimientos de la vida que acaba de tener. Puede parecer que está muerta; sin embargo, desde el último latido del corazón hasta el momento en que la última chispa de calor animal abandona al cuerpo el cerebro piensa y el desencarnado pasea retrospectivamente durante estos breves segundos por toda su vida. Las imágenes de la vida terrestre se agrupan y entremezclan formando la imagen completa de aquella existencia, y se imprimen en su totalidad en la luz astral. Las costumbres dominantes, las tendencias más pronunciadas del pensamiento confirman su preeminencia y se estampan como cualidades características, que aparecerán como «cualidades innatas» de ese Conductor en su siguiente encarnación.

En el caso de mi ECM, percibí la totalidad de la vida que acababa de tener en un solo instante. No intentes comprenderlo con la mente concreta, pues es algo que se sale del ámbito de la mente racional —más allá del plano físico, el tiempo no existe como tal—.

Por medio de la visualización de la vida física anterior, el Conductor comprende súbitamente que esta fue un todo coherente: una experiencia condujo a la siguiente, y el conjunto de todas ellas impulsó su proceso consciencial.

Esta revisión de lo acontecido es importante porque de ahí se destila cierta sabiduría, el fruto de la vida recién terminada. Por esta razón deberíamos estar mental, emocional y físicamente serenos en la habitación del moribundo, a fin de no perturbar con un exceso de aflicción al ser querido, puesto que está pasando a vivir en los cuerpos emocional y mental, que son más sutiles que el denso, y es mucho más sensible a las fuerzas del pensamiento y de la emoción. Nuestros pensamientos deben dirigirse a él o ella en forma de amor y bendiciones. Deseémosle que efectúe el progreso interno que le corresponda en los mundos invisibles, desde la calma y dominando nuestra emotividad.

Cuando la revisión antedicha termina, generalmente sigue un período de completa inconsciencia que puede durar entre dos y cuatro días, según la persona. Este período corresponde al proceso de disolución del cuerpo etérico, el cual permanece cerca del cuerpo físico fallecido. En los casos normales, permanece flotando sobre él, siendo su estado de consciencia soñoliento y tranquilo, a menos que al lado del cadáver haya manifestaciones ruidosas de dolor y emociones violentas.

Algunas veces, el doble etérico es visto en la casa donde había vivido como persona física o en la proximidad de la misma. Esto ocurre cuando el moribundo no tuvo una buena muerte en el sentido que describíamos, de modo que fijó su pensamiento, de manera intensa, en alguna de las personas que dejó en el plano terrestre, o bien cuando una gran ansiedad perturbó su mente en el último momento a causa de algo muy importante que dejó por hacer, o cuando algún acontecimiento alteró su tranquilidad al partir.

Bajo estas condiciones u otras similares, el doble puede ser visto u oído —por parte de los clarividentes—. Cuando se le ve, tiene cierto parecido al cadáver físico, pero muestra una consciencia soñolienta y oscurecida; aparece silencioso y tiene un aspecto vago, y no se comunica. En verdad, no es otra cosa que un sonámbulo astral e, igual que estos, no responde a nada que se le diga, aunque sí es capaz de expresar un pensamiento único, ya sea de pesar, ansiedad, aturdimiento, etc. En otras ocasiones el cuerpo etérico aparece sin forma, como un vapor o una luz violeta.

A medida que transcurren los días, los cinco componentes no físicos del ser humano se desprenden de la envoltura del cuerpo físico etérico. Pasan luego, como entidad quíntuple, a la fase del tránsito. Así, la cremación del cuerpo fallecido tiene la ventaja de que propicia la pronta devolución a la madre naturaleza de los elementos materiales que componen el cadáver físico y el etérico. La desintegración de ambos cuerpos tiene lugar rápidamente, lo que evita que queden restos físicos y etéricos que puedan ocasionar perjuicios en sus planos respectivos.

Cuando se ha acabado de desprender del cuerpo etérico, el fallecido despierta en el tránsito. Lo que va a experimentar en él dependerá de su grado de evolución consciencial.

4
La estadía en el tránsito

¿Qué es el tránsito?

El tránsito es la «habitación intermedia» a la que accede la entidad quíntuple que es el ser fallecido una vez que ha abandonado el cuerpo físico y el etérico. El objetivo es salir de esta habitación por el otro lado y acceder así al plano de luz, tras pasar por el túnel característico al que hacen referencia tantas personas que han tenido experiencias cercanas a la muerte.

Podrá entenderse mejor qué es el tránsito a partir de su denominación en sánscrito, Käma Loka. *Loka* es un término que puede traducirse por 'lugar', 'mundo', 'tierra'; de modo que Käma Loka es, literalmente, el lugar o mundo de *käma*.

En el segundo capítulo se presentaba *käma*. Recordaremos que es el nombre de aquella parte del ser humano que encierra todas las pasiones, deseos y emociones que el hombre tiene en común con los animales inferiores. Por lo tanto, corresponde al cuerpo emocional del ser humano. También decíamos que el hogar del cuerpo emocional es el plano astral, y que la consciencia se sitúa muchas veces ahí en nuestros sueños. Por lo tanto, podemos identificar el tránsito o Käma Loka como el plano astral. Esto permite deducir inmediatamente que, cuando estamos dormidos, «convivimos» en un mismo espacio con los seres fallecidos que están en el tránsito —esta es la razón por la cual las almas que están ahí pueden comunicarse con sus seres queridos en sueños—.

Puesto que en Käma Loka la consciencia del ser fallecido está identificada con sus componentes emocionales y mentales y, mientras esto sea así, la tríada superior no puede proceder hacia el Devachán, podemos ampliar la definición de Käma Loka para decir que es la morada de todas las entidades humanas que han abandonado el cuerpo físico y su doble etérico, pero que aún no se han liberado de sus emociones y pasiones —y pensamientos asociados—. Käma Loka tiene otros muchos moradores, y nos referiremos a algunos de ellos más adelante. Solo en circunstancias especiales pueden ser conscientes los habitantes del mundo físico de los habitantes de Käma Loka y viceversa. En ocasiones no se es consciente de la mutua presencia, pero se producen influencias entre ambos mundos de cualquier modo. Tendremos ocasión de ir viendo varias posibilidades.

Cabe mencionar, finalmente, que el tránsito o Käma Loka es el purgatorio de la teología escolástica y el Hades de los antiguos. Allí es donde los fantasmas astrales de todos los seres que han vivido, incluso de los animales, esperan su segunda muerte. En el caso de los animales, esta viene con la desintegración y el completo desvanecimiento de sus partículas astrales. En el caso de los seres humanos hay que identificar la segunda muerte con la disolución del cuerpo emocional y el mental —o, por lo menos, con el abandono de estos cuerpos en caso de que queden restos «inertes» de los mismos—.

La permanencia en Käma Loka varía en duración, pero termina invariablemente en el abandono y la probable desintegración de los cuerpos inferiores mencionados, los cuales se van disolviendo como una columna de vapor, átomo por átomo, en los elementos circundantes.

Podemos hacer una analogía con los cohetes que son lanzados desde Cabo Cañaveral: al principio son vehículos alargados que tienen que ir soltando componentes a medida que ascienden; hasta que, al final, solo una pequeña parte de esas grandes naves entra en el espacio exterior. Del mismo modo, el ser humano se va desprendiendo del cuaternario inferior por fases, hasta que es solo la tríada superior la que accede al plano de luz.

¿Qué hace falta para salir del tránsito y acceder al plano de luz?

Con el fin de que el cuerpo emocional y el mental puedan disolverse o, al menos, puedan ser abandonados como despojos vacíos, tiene lugar una evolución en consciencia en el tránsito, la cual no presenta unas características uniformes; depende del estado consciencial que haya logrado alcanzar la persona. Esta evolución va asociada con el desprendimiento completo respecto de los vínculos, apegos, remordimientos y preocupaciones en relación con la vida que se acaba de tener y con el plano físico en general.

Para hacer una analogía, se puede decir que el Conductor debe desprenderse de todos aquellos elementos que han dejado huella en su mundo emocional y mental. Podemos imaginar ambos mundos como dunas que, al principio, no tienen pisadas impresas en ellas, pero a medida que vivimos en el plano físico las vamos dejando. Al final del proceso estas huellas tienen que desaparecer; la duna tiene que estar nuevamente sin pisadas.

Es fácil comprender que si se ha llevado una «buena vida» y se ha tenido una «buena muerte», en los términos en que definíamos ambas en el anterior capítulo, este proceso tiene lugar con mayor rapidez y de una manera mucho más fluida.

Esencialmente, los requisitos que deben darse para que los cuerpos emocional y mental se disuelvan —o por lo menos queden vacíos de contenidos— y los cuerpos que componen la tríada superior puedan acceder al plano de luz son dos: en primer lugar la persona tiene que ser consciente de que ha fallecido. En segundo lugar, tiene que aceptar la realidad de que ha desencarnado. En el tránsito tendrá experiencias que irán favoreciendo ambas tomas de consciencia. En un lapso de tiempo más o menos prolongado, acabará por salir del tránsito..., aunque hay ocasiones excepcionales en que esto no llega a acontecer, como veremos más adelante.

La experiencia del tránsito

Enunciado de manera muy resumida, las vivencias que se van a tener en el tránsito o Käma Loka dependerán del estado de consciencia con el que el Conductor llegue al mismo procedente de la vida física que ha dejado atrás y, por lo tanto, del tipo de vida que haya desplegado en su reciente encarnación.

El tránsito puede estar lleno de luz y de gozo, o también lleno de sufrimiento. Lo que siempre y a todos nos ocurre es que vivimos una experiencia muy nueva e intensa.

Podemos hablar de tres posibilidades fundamentales: las vivencias que aguardan a la persona que se ha esforzado por identificarse con la parte superior de su naturaleza, las que aguardan a la persona corriente que no se ha preocupado por los asuntos espirituales y las que aguardan a quien ha llevado una vida perversa.

No nos referiremos específicamente a las personas que se han suicidado, pues su destino en Käma Loka dependerá de las circunstancias implicadas en su acto. No todos los suicidas son iguales y la medida de su responsabilidad varía. Nos encontraremos con dos casos de suicidio entre los ejemplos que nos han aportado nuestros colaboradores.

Estadía en el tránsito de la persona que se ha trabajado a sí misma

Hablamos de los individuos que han llevado una vida pura y se han esforzado con constancia para elevarse e identificarse con la parte superior de su naturaleza más que con la inferior.

Cuando llegan al tránsito tras haberse disuelto su cuerpo etérico, sus elementos pasionales son débiles y están acostumbrados a una actividad relativamente poco pronunciada, de modo que no podrán afirmarse con fuerza en Käma Loka.

Si en el momento de la muerte el alma ha aceptado la vida vivida, el tránsito es mucho más fácil, y puede estar lleno de bendiciones. El cuerpo emocional y el mental no tardarán en disolverse. Mientras esto acontece, la tríada superior concentra todas sus fuerzas; reúne dentro de sí los recuerdos de la vida terrestre que acaba de terminar —sus amores, sus esperanzas, sus aspiraciones— y se prepara para pasar del Käma Loka al reposo feliz del Devachán.

Este desencarnado no pasará mucho tiempo en el tránsito; pero durante todo el período en que un Conductor permanece en Käma Loka —ya sea largo o corto, de días o de siglos— es susceptible a recibir influencias terrestres.

En el caso de una persona como la que nos ocupa, puede ser que su proceso de preparación para el Devachán se vea perturbado por la tristeza y los deseos desesperados de los seres queridos que ha dejado en el plano físico; pues estos elementos kámicos, al vibrar violentamente en las personas encarnadas, pueden producir vibraciones en el desencarnado. De este modo, puede ser sacado de su estado de paz y pasar a tener un recuerdo vívido de la vida terrestre que acaba de abandonar. Esta toma de consciencia va generalmente acompañada de un sufrimiento agudo; y aun cuando este se evite, el proceso natural de liberación de la tríada se ve perturbado y ralentizado.

Un deseo intenso puede impulsar al Conductor desencarnado a volver espontáneamente al lado de los seres desconsolados que ha dejado en el plano terrestre, pero este regreso es raro en la clase de personas de las que ahora nos estamos ocupando. Si se las deja en paz tendrán una estancia tranquila en el tránsito y despertarán en el Devachán, y evitarán experimentar cualquier lucha o sufrimiento en relación con la segunda muerte.

Estadía en el tránsito de la persona que no se ha preocupado por el trabajo interior

Cuando llega a Käma Loka un desencarnado cuyo nivel espiritual corresponde al término medio de la masa humana, la inteligencia espiritual se reviste de un cuerpo de deseos y pensamientos que posee un vigor y una vitalidad considerables.

El *manas* —componente mental— inferior, estrechamente entrelazado con *käma* durante la vida terrestre que acaba de terminar, ha estado muy entregado a los goces de los objetos de los sentidos y a los placeres y emociones, de modo que no puede desprenderse con prontitud de la tela que él mismo ha tejido. Esto ocasiona que el desencarnado permanezca un tiempo considerable en el tránsito, hasta que sus deseos se debiliten y desvanezcan y ya no puedan retener por más tiempo a la tríada superior entre sus lazos.

Durante el período en que la tríada inmortal y *käma-manas* permanecen unidos en Käma Loka, es posible la comunicación entre la entidad desencarnada y las encarnadas en la tierra. Estas comunicaciones son generalmente deseadas por los desencarnados, porque sus deseos y emociones los atraen todavía hacia el plano físico que han dejado, y sus mentes no han vivido aún lo suficiente en su propio plano como para encontrar una satisfacción y un contento completos.

El *manas* inferior aún ansía las satisfacciones kámicas y las sensaciones vívidas y excesivamente pronunciadas de la vida terrestre, y puede, por causa de estos mismos deseos, ser atraído de nuevo hacia las escenas que a pesar suyo ha abandonado. Este es uno de los factores que alargan la estancia en el tránsito, pero hay otros, entre los que cabe mencionar los sufrimientos que mantienen al individuo identificado con el plano físico y el miedo a cambiar de plano por el temor a ser juzgado.

Estadía en el tránsito de quienes han llevado una vida perversa

Las personas que han llevado una vida inicua, que han satisfecho y estimulado las pasiones animales y han alimentado hasta la saciedad el cuerpo de deseos, a la vez que han hecho pasar hambre incluso al *manas* inferior, permanecen durante un tiempo extraordinariamente largo en Käma Loka, anhelando la vida terrestre que abandonaron y los goces animales que no pueden disfrutar de una manera directa por no disponer de un cuerpo físico. Estas entidades se juntan alrededor de los médiums y sensitivos, a quienes tratan de utilizar para su propia satisfacción. Se cuentan entre las fuerzas más peligrosas que tan temerariamente afrontan, en su ignorancia, los incautos y los curiosos que se acercan al espiritismo.

No volveremos a referirnos a la estancia fluida, breve y feliz que tienen en el tránsito las personas que accederán al Devachán sin mayores problemas, si bien acabaremos este apartado con la descripción de una experiencia que ejemplifica esta posibilidad, narrada por Perséfone.

En las páginas siguientes nos detendremos a analizar la experiencia que tiene en el tránsito la persona media, y ahondaremos también en lo que experimentan quienes se encuentran en un estado de gran densidad consciencial. Esto último es relevante para entender algunas de las manifestaciones que acontecen en el plano físico procedentes del tránsito.

* * *

Feliz en el tránsito.
El caso del tío de Perséfone.

Recientemente falleció mi tío. En su último mes de vida estuvimos hablando sobre el significado de la vida y la muerte y temas de este estilo. Él era sacerdote y yo le pedía consejo sobre cómo explicar mejor a mis clientes o en mis conferencias el tema de la muerte y el duelo. Durante este tiempo permaneció ingresado en un hospital de mi ciudad, así que, al salir de mi trabajo, aprovechaba y me acercaba a charlar con él. Para mí fue como compartir con un pozo de sabiduría.

Como daba por hecho que en breve se pondría bien y dejaría de tenerlo tan cerca, traté de ir tan a menudo como podía. Pero no fue así. Uno de esos días, al acudir a verlo, las enfermeras no me dejaron pasar, lo cual me extrañó.

Al poco llegó la doctora. Me explicó que estaba muy grave y que avisáramos al resto de familiares, ya que su fallecimiento estaba próximo.

No podía creérmelo. ¡Nos quedaban tantas cosas por discutir, me quedaba tanto por aprender de él! Pero la realidad se impuso. Y aunque soy capaz de sentir y ver a seres de otros planos, no pude prever esta situación. Respiré hondo y pensé en la forma en que podía ayudar a mi tío... Solamente recordé la denominada terapia de la dignidad, que ayuda a la persona a dejar un legado de su vida a sus seres queridos, así que le hice una «entrevista de final de vida».

Cuando le pregunté si le quedaba algún asunto pendiente, contestó rotundamente:

—No, ya lo he hecho todo.

Y su mirada parecía que decía: «¡Y además soy feliz!».

Entonces supe que en tres días iba a morir. Había hecho muchas cosas, lo mejor posible según él. Había conseguido ciertos objetivos y otros no, pero era feliz. Hacía pocos años que era sacerdote, y consideraba que este era su logro más importante, junto con el hecho de ser fiel a su vocación.

Tuve que irme, y da igual todo lo que sepas sobre la muerte: cuando te toca... hay que vivirla, y duele.

Cuando murió, no tardó en venir a verme:

—Oye, hemos estado hablando durante un mes y va y se te olvida comentarme que puedo viajar donde quiera con el pensamiento.

—Sí, tío, es verdad; se me olvidó decirte esto.

—Y que eres capaz de hablar conmigo cuando el resto ya no puede hacerlo.

—Sí, también se me olvidó comentártelo.

Él, ya entre risas, me soltó:

—¡Pues muy mal! Esto hay que decirlo.

Era verdaderamente feliz, como un niño con zapatos nuevos. Venía y se iba, me decía que estudiara, y se volvía a ir. Fue así como me di cuenta de lo importante que era morir sin dejar asuntos pendientes —entre ellos, despedirse de los seres queridos—, ya que nunca había observado tal derroche de energía y felicidad.

En esto, advertí que su campo bioenergético tenía marcados los crismas de su unción sacerdotal. Me explico: en la ceremonia católica de ordenación se unge a la persona con óleo sagrado en la frente, en el pecho y en las manos. La aplicación de este óleo no es meramente física, pues es el campo bioenergético el que resulta marcado.

También observé que cuando se despidió definitivamente de mí, unos cuarenta días después de su fallecimiento, esos sellos eran menos visibles —entiendo que debido al hecho de que ya no eran útiles—. Y es que cuando uno se hace sacerdote queda marcado como tal para poder traer la energía divina a la tierra. Esto lo afirmo con seguridad, ya que he visto cómo, en el contexto del ritual de la eucaristía, se abren las puertas entre planos para que lo divino baje al plano terrestre. Ahora bien, esto ocurre siempre y cuando el sacerdote siga la fórmula canónica y tradicional, tal y como viene recogida en el misal. Porque por poco que el sacerdote cambie las palabras —con la intención, tal vez, de ser más moderno— no ocurre nada de esto. He sido testigo de ello y es espectacular.

Cuando se celebró la misa por mi tío, acudieron varios familiares que ya habían traspasado. En el altar vi entre otros a mi abuela, a mi abuelo y a los hermanos de mi tío que habían venido a recibirlo y a disfrutar del evento. Y es que el fallecimiento de alguien tiene un carácter festivo en el otro lado, pues ahí reciben a alguien querido.

* * *

Cuando no se tiene consciencia del fallecimiento o no se acepta

Como se ha mencionado anteriormente, son dos los requisitos que deben darse para que el cuerpo emocional y el mental se disuelvan —o, por lo menos, sean abandonados como despojos— y la tríada superior acceda al paraíso o Devachán: la persona desencarnada debe darse cuenta de que ha muerto y ha de aceptarlo. No tienen demasiado problema al respecto las personas que han cultivado su espiritualidad —los aspectos superiores de su constitución—; pero entre los seres fallecidos que fueron un ser humano «promedio», muchos no se aperciben de que han dejado el cuerpo físico. Otros sí se dan cuenta —llegan a darse cuenta—, pero por distintos motivos tienen dificultades para aceptar este hecho.

Quienes no saben que han dejado el cuerpo físico —normalmente, por haber llevado una vida de extrema identificación con lo cotidiano y no haberse planteado cuestiones de tipo transcendente— «siguen con su vida». Se trata de una ilusión, por supuesto. Generan un «doble corpóreo» —una estructura muy parecida al cuerpo que acaban de abandonar, pero más sutil— que les permite recrear el entorno en el que han vivido y seguir con sus quehaceres. Esas personas experimentan que siguen yendo al trabajo, volviendo a casa, etc., en medio de los mismos estados emocionales y mentales que tenían cuando disponían del cuerpo biológico. Ven cosas que se corresponden con el mundo físico, y otras que se corresponden con plasmaciones derivadas de su mundo emocional y mental —efectúan sus propias proyecciones, como hacemos nosotros mismos cuando soñamos—. Esta situación puede prolongarse durante mucho tiempo, porque el fallecido va buscando explicaciones que justifiquen lo que cree que está viviendo.

Un ejemplo paradigmático nos lo ofrece la película *El sexto sentido,* dirigida en 1999 por M. Night Shyamalan. En ella vemos cómo el difunto doctor Malcom —personaje de ficción interpretado por Bruce Willis— recrea su vida a partir de sus obsesiones y preocupaciones, y cómo interpreta los distintos hechos para que encajen en su esquema mental. Por ejemplo, su mujer no le habla porque no puede verlo ni oírlo, pero él lo atribuye a que está muy enojada con él. De todos modos, la suma de circunstancias que tienen lugar en la película hace que Malcom acabe por ser consciente de su nueva realidad y por aceptarla. Experimenta pues una evolución en consciencia, lo cual es muy propio del tránsito. Es precisamente este proceso de evolución consciencial lo que subyace en el concepto de purgatorio, aunque la visión religiosa lo ha cargado de tintes negativos.

Uno de los casos que nos ha proporcionado Perséfone refleja el desconcierto que experimenta el difunto al que se le ha ocultado la certeza de su muerte.

* * *

«¡No puedo estar muerto!».
El caso de Fernando.

Uno de mis alumnos, Fernando, murió de cáncer. El asunto era que no le habían dicho que tenía esta enfermedad, de modo que la muerte lo pilló totalmente por sorpresa. Fui al funeral, y allí se me acercó.

—Profe, ¿qué hacen aquí todos? —me preguntó.

En ese momento no supe decirle que estaba muerto, ya que él estaba feliz de vernos a todos reunidos en su pueblo. Así, ante mi falta de respuesta, se fue a saludar a sus compañeros y, poco a poco, vi cómo le iba cambiando la cara, porque se daba cuenta de que sus aproximaciones no tenían ningún efecto; no podía tocarlos ni le respondían. Llegó al punto de que empezó a repartir bofetadas. Las personas más sensibles notaron algo así como una brisa... Lo único que logró fue suscitar alguna reacción de extrañeza —como cuando notamos algo raro y nos preguntamos por un momento qué acaba de ocurrir—.

Entonces vino otra vez donde yo estaba y tuvimos, más o menos, esta conversación:

—¿Qué está pasando aquí?

—¿No te das cuenta?

—No me jodas. ¡¡¿Estoy muerto?!!

—Pues va a ser que sí.

—¿Dónde están mi madre, mi hermana, mi novia?

—Deben de estar al llegar. Puedes ir donde están ellas; de hecho, puedes ir donde quieras. Basta con que lo pienses y le pongas emoción a ese pensamiento.

Se fue y volvió, y me dijo:

—Es verdad que estoy muerto; están llorando. ¿Y tú por qué me ves?

—Porque nací con esta habilidad.

—¿Por qué no me dijeron que iba a morir?

—Supongo que porque tenían miedo.

Hice lo que sé hacer: recé, pedí por él... Pero Fernando no quería estar muerto. Durante dos días vino a verme y repetía siempre lo mismo:

—¿Por qué no me dijeron que iba a morir?

Poco a poco pareció que se fue rindiendo a la evidencia, y finalmente me preguntó qué tenía que hacer. Le dije que se despidiese de sus seres queridos, que arreglase sus asuntos pendientes, que se despidiera de la vida material. Me dijo que no quería hacerlo, porque en realidad seguía oponiéndose al hecho de haber fallecido.

Al tercer día comenzó a asumir que su nueva situación era una realidad insoslayable, pues la dinámica «no quiero morir» - «ya estás muerto» que estableció conmigo se había prolongado demasiado.

Al cuarto día ya no vino. No he vuelto a saber de él.

* * *

Este caso refleja la conveniencia de facilitar una buena muerte al moribundo. De otro modo, el reconocimiento del fallecimiento se vuelve más difícil, así como la aceptación del hecho.

Perséfone nos narra otro caso de dificultad en la aceptación. En esta ocasión, el ser fallecido se encuentra en el tránsito con una gran carga emocional a causa de un asunto al que no tuvo la oportunidad de dar respuesta en vida.

* * *

Presente en el propio funeral.
El caso de Jorge.

Jorge era un transportista que murió en un accidente de tráfico. Fue para mí un caso muy curioso, porque asistió a su propio funeral consciente de haber muerto. Lo vi al lado de su féretro, muy enfadado. Resulta que, obedeciendo a su jefe, había cogido un vehículo que estaba en mal estado y le fallaron los frenos. Estaba tan enojado que logró tirar su propia foto —la típica que se pone junto al féretro—.

Le dije que viniese adonde yo estaba. Me preguntó si era la única que le veía y le oía, y le respondí que sí. También le dije que si seguía comportándose de esta manera se iba a hacer daño, y le pedí que parase. Entonces me mostró cómo fue el accidente, para que viese de quién había sido la culpa, y añadió:

—¡Diles que esto es una injusticia, que esto ha pasado porque le hice caso!

Le dije que no podía decir esto a los presentes. Que tenía razón, pero que él también era responsable de lo ocurrido, pues cogió un coche que sabía que no estaba en condiciones. Se fue, pero volvió.

—Ahora no voy a poder tener nunca hijos —me dijo.

Insistí y le pedí que parara, que se centrase, porque ahora estaba muerto y tenía otras cosas que hacer. Volvió a irse y ya no regresó… ¡hasta diez años después!

[Volveremos a encontrarnos con Jorge en el capítulo siete, ya en la parte dedicada al Devachán].

Recé mucho por él, pues en esta ocasión no había una sensación de paz y armonía como en otras que había presenciado, sino de angustia y dolor.

* * *

Atascados en el tránsito

Perséfone pudo facilitar a las almas desencarnadas de los ejemplos anteriores una toma de consciencia rápida y parece ser que esto, junto con sus oraciones, las catapultó pronto más allá del tránsito. Pero tengo constancia de casos en que la falta de aceptación se prolonga. En estas ocasiones, los fallecidos no cuentan seguramente con una asistencia tan directa, y se ven condicionados por sus apegos.

Si comparamos el alma con una cometa, los apegos serían los cordeles que evitan que esta se aleje volando —en el caso del alma, que llegue al plano de luz—. El apego al placer puede mantener al Conductor vinculado a este plano, pero las cuerdas del sufrimiento —ira, dolor, angustia, preocupación, resentimiento, la sensación de haber dejado asuntos inacabados…— son aún más difíciles de romper, como bien indica *El libro tibetano de los muertos*.

Hace unos meses estuve en Sevilla con un amigo que tiene el don de ver a los seres desencarnados y me explicó un caso curioso.

* * *

«Cosas muy raras».
El caso de la peluquería.

Un familiar le pidió (al amigo mencionado) que le echara una mano a una amiga que tenía una peluquería en la que ocurrían cosas muy raras: se movían los peines, las sillas, etc.

Resultó que un vendedor de Bilbao había muerto de un infarto en plena calle. Había pasado unos días «prosiguiendo con su actividad laboral», hasta que se dio cuenta de que había cosas que no encajaban y de que podía haber muerto.

Acabó entrando en una peluquería y, consciente de que no lo veían, procedió a gozar de la presencia de las mujeres; las peluqueras incluso se duchaban en el local, para su deleite. Mi amigo lo convenció de que estaba en el tránsito y de que debía pasar por el túnel de luz, lo cual hizo poco tiempo después.

* * *

No todas las situaciones son tan fáciles de resolver. Ya hemos dicho que los apegos de sufrimiento tienen un peso mayor, y según el caso, puede haber mucha rabia por limpiar o muchos enganches por cortar. Sanar esto suele ser muy complicado, pero el fallecido cuenta con el auxilio permanente de seres de luz evolucionados, aunque no pueda verlos. Si la persona tenía algún trastorno psiquiátrico tal vez necesite asistencia aún más específica en el tránsito para proseguir con su proceso evolutivo. El siguiente caso que nos ofrece Lourdes Tornos es ilustrativo al respecto.

* * *

Dificultades para la aceptación.
El caso de Susana.

Susana falleció accidentalmente tras una caída en la bañera de su casa. Era una mujer cariñosa y amable, pero padecía una patología psiquiátrica desde hacía muchos años.

La conocí personalmente y tras su muerte me dispuse, espontáneamente, a ayudarla.

Tras desencarnar estaba en un estado de total insania. Era incapaz de asimilar su situación actual y su pasado.

Se abrió la posibilidad entonces de acompañarla hasta la presencia de seres intraterrenos vinculados a los incas, en Perú. La dejé allí tranquila para que la ayudasen.

Un día, pasados unos dos meses según nuestro cómputo del tiempo, mientras estaba en meditación, Susana volvió a mi presencia para informarme de que ya estaba en disposición de pasar a niveles elevados de consciencia, de modo que solicitó el ingreso. La sentí tranquila, serena y consciente. No estaba tanto en un estado de sabiduría y comprensión como de aceptación de lo que era. El dolor había desaparecido. Se abrió la luz, y se fue. Me daba cuenta de que todavía no había comprendido por qué tuvo las experiencias que tuvo en su reciente vida, ni cuál había sido su aprendizaje o función.

Esta comprensión o sabiduría a veces no se adquiere en el tránsito —especialmente si lo que vivió esa alma fue particularmente duro—, sino que se obtiene en planos más elevados, una vez que ya se ha pasado por el túnel.

* * *

Las personas que mueren en medio de una situación de sufrimiento consciencial experimentan, en primer lugar, una gran confusión y un gran desconcierto. No es lo habitual. En el primer capítulo hacíamos referencia a la encuesta Gallup relativa a las experiencias cercanas a la muerte. Dicha investigación incluía estas preguntas para las personas que habían tenido una ECM: cómo recordaban ese momento y cómo, a partir de ahí, sentían la muerte. El noventa y seis por ciento afirmaron haber tenido una experiencia caracterizada por la armonía y la dicha, hasta el punto de que perdieron cualquier miedo a la muerte. En cambio, el cuatro por ciento restante afirmaron haber experimentado un grado elevado de sufrimiento álmico; vivieron una situación muy tensa, y no tenían ningún deseo de volver a pasar por algo así.

Si este cuatro por ciento hubiesen fallecido en ese momento, cabe suponer que habrían permanecido una temporada en el tránsito, para tener ahí las experiencias de evolución consciencial oportunas que acabasen por conducirlos al túnel de luz.

La sensación de desconcierto que vive el alma que ha muerto en sufrimiento va desvaneciéndose progresivamente. En su lugar, el ser fallecido que tiene un estado de consciencia muy denso consolida su deseo de relacionarse con el mundo material. Desde el punto de vista consciencial, es el único ámbito que reconoce; por lo tanto, quiere seguir estando aquí, haciendo su vida. Esto se traduce en manifestaciones diversas.

Veíamos anteriormente el caso del señor de Extremadura que, muy apegado a su casa y presa de los resentimientos, se dedicó a hacer la vida imposible a su enemigo a través de la fenomenología paranormal. Efectivamente, el alma que está alentada por un fuerte deseo de incidir en el plano físico puede hacerlo desde el tránsito, una vez que ha adquirido esa «habilidad».

De ahí los casos, que se estudian en el ámbito de la parapsicología, de movimientos misteriosos de objetos, apagado y encendido de luces, ruidos extraños, etc. Incluso, en ocasiones, el ser fallecido logra concentrar su energía por medio de una fuerte emoción y llegar a hacerse más o menos visible, siendo este el origen de muchas historias de manifestaciones fantasmagóricas y apariciones. Es típico experimentar una sensación de frío ante la cercanía de una de estas presencias.

En ocasiones, los seres fallecidos que están en el tránsito se «asocian» con personas que tienen un bloqueo consciencial semejante al que tuvieron en vida, y que aún arrastran. Es decir, un alma que esté angustiada en el tránsito puede buscar a un ser humano semejante a ella en algunos aspectos con el fin de permanecer agarrada a su experiencia de sufrimiento.

Lourdes Tornos se ha encontrado con este fenómeno en la consulta. Trastornos inexplicables o difíciles de resolver que experimentaban sus pacientes tenían su origen en el vínculo que había establecido con ellos un ser desencarnado que se había visto atraído por una energía similar. En estos casos, el hecho de estar presente para el ser fallecido y hablarle, junto con el trabajo de sanación del paciente, sirvió tanto para liberar al alma que se hallaba en el tránsito como para que la persona sanase su propio bloqueo.

Veamos la narración de algunos de estos casos, por parte de Lourdes. Antes de proceder conviene indicar, para la tranquilidad del lector, que este tipo de asociaciones entre un ser fallecido y un ser humano vivo se producen con muy poca frecuencia.

* * *

Experiencias de abandono.
La madre de Marta y la niña María.

Marta acudió a mí muy triste porque su madre había fallecido hacía escasas semanas. Estaba afligida porque no había estado con ella en el momento de su muerte.

Se tumbó en la camilla e hice que se relajara. Entonces empezó a conectar con su propia experiencia de abandono.

[En terapia no podemos identificar nada que no sea nuestro, y menos cuando está presente una patología. Ocurría, pues, que Marta estaba proyectando su propio abandono en la experiencia de la muerte de su madre].

Inesperadamente, Marta conectó con otro ser: una niña llamada María, de siete años de edad. Murió al caer en un pozo en la década de 1970. Por lo que parece, nadie se dio cuenta ni la encontraron nunca.

Ayudamos a que el alma de María saliera del pozo y conectamos con ella. Lo primero fue tranquilizarla. Realmente, tuvimos la sensación de que la niña acababa de morir. Le dimos la posibilidad de que conectara con su identidad para que fuera sanando su angustia. Bastó con acompañarla, preguntarle su nombre, explicarle su situación y animarla a salir del pozo.

Marta me dijo que se identificaba con ella; sabía que eran parecidas. Las dos sintieron abandono de un modo similar. Esta fue la razón por la que María había conectado con Marta: la similitud que atraía sus almas resonantes. Finalmente, María salió del pozo y Marta la vio jugando fuera.

Le pedí a Marta que conectara con su propio abandono y con el que creía que sentía su madre y con el que sentía también María, y que lo dejara todo en aquel pozo.

Llegó un momento en que Marta percibió que la niña se iba hacia la luz y ella misma se empezó a encontrar más tranquila.

Después fue consciente de que su madre estaba asustada: se quería ir pero no sabía cómo hacerlo; no sabía cómo moverse ni cómo desplazarse.

Efectivamente, podemos encontrarnos en el tránsito con almas a las que les falta esta información; es como si a nosotros nos metieran en el agua sin habernos enseñado a nadar. En este caso, basta con conectar telepáticamente con esas almas y decirles:

—Para moverte solo necesitas pensar en hacerlo. Incluso puedes volar. Es como si estuvieses soñando.

Las almas toman esa información y entonces empiezan a desplazarse. Así ocurrió en el caso de la madre de Marta; después de reconocer su nuevo estado pudo ir hacia la luz.

* * *

La historia de Marta es representativa de que a la vez que sana el paciente que acude a terapia, sana también el alma que está en el tránsito; en este caso se unió el alma de María.

* * *

Miedo a defraudar.
Carola, niña y mujer, y su alma resonante.

Carola se estaba preparando para el examen final de licenciatura. Tres semanas antes del examen «perdió», temporalmente, el lugar donde estudiaba.

En su búsqueda de otro sitio se puso en contacto con un compañero con el que hacía tiempo que no se relacionaba. Había dejado de verle porque cuando estaba en su presencia sentía mucha competitividad y estrés, y su rendimiento disminuía. Aun así, decidió telefonearle y se abrió la posibilidad de compartir sala de estudio.

Por razones que no vienen al caso, al final Carola consiguió otro lugar para estudiar, pero la conexión con su amigo ya estaba realizada. Había bastado la conversación telefónica para que Carola entrara en estrés; tenía temblores, palpitaciones, inseguridad e insomnio. Especialmente le temblaban las piernas, sobre todo cuando se acostaba por la noche.

Entramos en conexión interna, y Carola comprendió que en realidad ese compañero representaba aspectos de sus padres, principalmente de su madre. Sentía que esta alardeaba orgullosa de su hija, pero ella lo vivía mal, con miedo a defraudarla, a no estar a la altura de sus expectativas.

Seguimos profundizando en su experiencia vital y conectó con su infancia. Su padre estuvo trabajando en una empresa que abusaba de los trabajadores, y muchos meses no cobraba. La madre se vio obligada a buscar trabajo, pues los ingresos eran insuficientes para sacar a la familia adelante. Su padre no deseaba que su mujer trabajara; para él era humillante. Así que, a los seis años de edad, Carola contempló un gran malestar entre sus padres, y su reacción natural, como hija, fue ayudarlos.

Carola liberó a su niña interna de la necesidad de ayudar y rescatar a sus padres y de la autoexigencia de no querer defraudarlos. Acabamos así esta sesión de terapia y Carola se fue a su casa más tranquila, con mucho menos estrés de cara a la preparación de su examen.

Sin embargo, tres horas más tarde, al consultar mi whatsapp, vi que lo tenía abierto por el perfil de Carola. Lo extraño es que había un mensaje; es como si yo hubiera escrito uno para enviárselo, pero sin haberlo hecho. El texto escrito era: «mezzosoprano».

Tenía claro que el mensaje no era mío, sino de un alma que había conectado con esa frecuencia y que había escrito directamente para transmitírmelo.

Conecté a distancia con Carola y supe que junto a ella había una mujer que en vida terrenal había sido mezzosoprano, y que ahora le pedía ayuda para subir a la luz.

Los sentimientos de esta mujer eran que al morir había perdido la cualidad de diva; vivía su muerte como algo parecido a un fracaso. Sin decirle nada a Carola, conecté con el alma de las dos. Ambas estaban resonando en el miedo a defraudar —la mezzosoprano a su público, y Carola a sus padres—.

Gracias a que Carola pudo sanar la experiencia con sus padres, la mezzosoprano pudo sanar la suya, de modo que esa alma quedó liberada.

La transformación de Carola facilitó que la mujer que estaba en el tránsito pudiera realizar su transformación. Ahora, yo ya podía acompañarla para que se preparara para una nueva consciencia, para una nueva forma de existir, para recibir una nueva guía.

La mezzosoprano se separó del aura de Carola y, curiosamente, lo hizo a través de sus piernas. Transcendió su apego y necesidad de recibir el halago de otros. Finalmente subió a la luz.

Al día siguiente hablé con Carola y le pregunté cómo estaba: había conseguido dormir y lo más importante era que el temblor de sus piernas había desaparecido.

* * *

Miedo a lo desconocido.
Mireia se examina.

Mireia se presentaba a unas oposiciones. Un día antes de su examen me llamó para decirme que le venía a la mente un rostro desconocido y una experiencia que sabía que no era suya. El rostro le transmitía miedo y la experiencia que visualizaba era de suicidio: una mujer subida a lo alto de una baranda que iba a tirarse.

Me dijo que con esta imagen sentía miedo a lo desconocido, que estaba asociado con su inminente examen, el cual, de aprobarlo, le cambiaría la vida —anticipaba lo desconocido de su futura vida—.

Mireia se dio cuenta de que este miedo la unía a la mujer. Establecimos comunicación con esta última y le dijimos que había fallecido y que podía elevarse a la luz. Pero no ocurrió nada. La mujer siguió en la misma situación y Mireia siguió sintiendo sus emociones. Estaban demasiado unidas. Mireia me dijo que sentía que una especie de cordón le salía del pecho y la unía a la mujer difunta.

Le dije que se centrara en su miedo a lo desconocido y que fuera atrás en el tiempo. Entonces evocó un susto muy grande que tuvo de niña, cuando la revolcó una ola en la playa. Conectamos con esa niña y le explicamos que no pasaba nada; le dijimos que después de que la ola se retiró pudo ir con su mamá. Le dijimos también que incluso podía volver a tener la experiencia de la ola y disfrutar del revolcón.

Mireia logró conectar con esta diversión, empezó a reír y le transmitió esta experiencia a la mujer que se había suicidado. Le dijo que había sido muy valiente porque a pesar del miedo que tuvo estando encima de la baranda, fue coherente con lo que sentía en su interior y con su decisión de suicidarse, de modo que era necesario que se amara y se respetara mucho a sí misma, pues era totalmente digna de ello.

La difunta sonrió y Mireia sintió que se diluía el cordón que había entre las dos. La mujer se despidió y se mostró dispuesta a pasar a otro plano de consciencia más elevado. Una y otra experimentaron, mutuamente, un sentimiento de gratitud, y cada una siguió su camino.

Mireia se quedó tranquila tras haber sentido un temblor de piernas en el momento de la separación de la mujer difunta.

Esta mujer la ayudó en realidad a conectar con su temor infantil y sanar su miedo a lo desconocido. Se dispuso a afrontar el nuevo ciclo de vida que empezaría para ella al día siguiente por la tarde, a partir de que hiciera el examen.

* * *

La sanación de la ira.
Olga está cansada.

Hacía una semana que Olga, una joven estudiante, estaba agotada. Sentía frío interno y estaba pálida. Se cansaba enseguida cuando realizaba cualquier tarea o actividad.

Le dolía mucho la cabeza en la zona frontal, especialmente donde se ubica el tercer ojo; sentía como si algo, una especie de puño, estuviese apretando esa zona desde dentro.

Emocionalmente no refería nada especial, excepto el hecho de que estaba un poco decepcionada con su novio. No tenía suficiente comunicación con él y estaba harta de esta situación.

Al entrar en sanación, descubrí que había un alma que correspondía a una mujer difunta y que había conectado con el alma de Olga. Se trataba de una señora que había fallecido con sesenta años de edad y que estaba muy enfadada. Cuando le propuse que pasase a la luz, lo único que me dijo fue que la dejara en paz, que estaba harta de todo, que quería estar sola. Le dije que de acuerdo, pero que ese no era su lugar, que no podía estar conectada a la energía de Olga.

—Sí, pero ella está tan harta como yo —me respondió.

—Lo entiendo, pero sal, por favor —le repliqué—. Olga necesita pasar por su proceso, y tú por el tuyo.

Pedí que me llegase información sobre lo que le había ocurrido: su muerte fue posterior a la de su hijo, un joven soldado que falleció en Afganistán.

Mi intervención impidió a la mujer seguir conectada a la energía de Olga. Acudieron varios seres de luz para asistirla. La dejaron enfadarse con Dios, chillar y sacar toda su rabia, y después se presentó el alma de su hijo, quien vino a buscarla y acompañarla en su elevación. Hasta ahora el joven no había podido conectar con ella debido a su enfado. Pero en ese instante la mujer fue feliz de poder reunirse con él y transcender.

Olga se quedó tranquila y relajada. El dolor de cabeza desapareció y dejó de sufrir por sus problemas de comunicación con el novio.

* * *

Hay ocasiones en que el vínculo que establece el ser fallecido con la persona es aún más intenso que en los casos expuestos. En el siguiente, ofrecido por Lourdes, el alma del fallecido ocupa completamente el espacio áurico del ser humano. Se trató de un episodio breve, gracias a la intervención de Lourdes tal vez, de modo que no podemos hablar en este caso de atascamiento en el tránsito. Pero constituye una muestra de la dificultad que puede tener el ser fallecido de aceptar su nueva situación. El desencadenante de la experiencia fue el miedo a morir por parte de la moribunda; lo cual, una vez más, nos remite a la conveniencia de vivir una «buena vida» y gozar de una «buena muerte».

* * *

En el campo áurico.
Dos hermanas.

Toñi era una mujer de veintiocho años que estaba ingresada en la UCI con un cáncer de pulmón terminal. Desde hacía unos meses la cuidaba su hermana Carmen, de veinticuatro años. El resto de la familia estaba lejos, en otro país.

Una mañana, los médicos llamaron urgentemente a Carmen para decirle que a Toñi le quedaba poco tiempo de vida.

Carmen acudió a la UCI y se encontró con que su hermana aún estaba parcialmente consciente. La tomó de las manos y Toñi la miró y le dijo:

—No me dejes.

Diez minutos más tarde, Toñi exhaló su último suspiro. Carmen quedó totalmente impactada y permaneció al lado de su hermana durante varias horas, hasta que acudieron a buscar el cuerpo para llevarlo a la morgue.

Unas horas después me encontré con Carmen, que estaba en estado de shock. Podía llorar, pero tenía un temblor interno y deseaba estar sola; no quería hablar y apenas sabía explicar exactamente qué le pasaba.

Al percibir su energía, lo que sentí es que el alma de Toñi se había quedado dentro de su hermana, y que todo el miedo que había tenido esta al morir lo estaba sintiendo ahora Carmen.

Toñi necesitaba su compañía para salir del cuerpo. Pero al desencarnar se había mantenido conectada al cuerpo de su hermana, que experimentaba todo el proceso y el miedo que Toñi sentía.

El primer paso era ayudar a Toñi a salir del cuerpo de Carmen. Solo podía hacerlo en la medida en que Toñi fuera sanando su miedo. Acudieron seres de luz para tranquilizarla; la tomaron en brazos como si fuese un bebé o una niña asustada. Poco a poco, Toñi fue reconociendo su situación y aceptándola; se dio cuenta de que no pasaba nada, de que no había ninguna razón por la que tener miedo.

Se empezaron a abrir las conexiones para que Toñi accediera a estados más elevados de consciencia y fuera experimentando un proceso de transmutación. Mientras tanto, Carmen se fue sintiendo mucho más tranquila.

* * *

Hasta aquí hemos hablado de los apegos al placer, al sufrimiento y al plano físico en general que dificultan la aceptación del fallecimiento. Hay que añadir otro elemento que puede hacer que el ser fallecido se resista a abandonar el espacio del tránsito: el miedo a ser juzgado si tiene la pretensión de acceder al paraíso, de tal manera que lo manden a un lugar peor que aquel en el cual se halla —es decir, al infierno—.

En *El libro tibetano de los muertos* se habla del viejo de la balanza, y en la tradición católica se habla de que san Pedro está al cargo de las puertas que dan acceso al paraíso. De modo que hay seres fallecidos que se resisten a entrar en el túnel de luz por miedo a que les «lean la cartilla».

Desde este mismo momento en que aún eres un ser humano encarnado, te invito a quitarte de encima el miedo al juicio si lo albergas, puesto que no serás juzgado. No se produce ningún juicio externo; no hay más juicio que el que puedas hacerte tú a ti mismo —en realidad, es un autoanálisis libre de inculpaciones y autoinculpaciones que efectuamos cuando estamos ya en el Devachán—.

La idea del juicio externo es una creación de las religiones que no se corresponde con los hechos. Lo que existe en realidad son dimensiones espirituales —«almas», para simplificar, o Conductores— que están evolucionando en consciencia en una Realidad en la que rige el libre albedrío.

Este libre albedrío es fruto del Amor del que emana la Creación y en el que esta se sostiene y expande. Vivimos experiencias acordes con el estado de consciencia que tenemos en cada momento, las cuales dan un impulso a dicho estado de consciencia. No esperes mayor castigo ni mayor premio. Nacemos en el plano físico para evolucionar en consciencia, seguimos evolucionando en consciencia en el tránsito y seguiremos haciéndolo —como tendremos ocasión de ver en la última parte del libro— en el paraíso o Devachán.

Siendo así las cosas, cabe poner en contexto los mismísimos conceptos del bien y el mal. Hablar de que hay personas «buenas» y «malas» o «más/menos buenas» o «más/menos malas» es una visión dualista que debemos superar. Todos los actos que llevamos a cabo presentan relaciones de causa y efecto que constituyen el denominado karma.

En el universo no existe el juicio, pero sí la ley de la compensación o de la retribución —de la justicia, en definitiva—. Los actos «negativos» o «malos» son el fruto de un estado de inconsciencia, o de consciencia insuficientemente desarrollada. No existen actos negativos o malos, sino actos que son consecuencia de la ignorancia, la cual se irá sustituyendo por la sabiduría a lo largo del proceso de evolución consciencial.

La Iglesia católica reconcibió el espacio del tránsito como el purgatorio y lo asoció con los pecados cometidos en vida. Pero, por todo lo dicho, te irá mejor si te quitas de encima las culpas y sustituyes la idea de purificar el alma de los pecados por la de que estás evolucionando continuamente en consciencia. Esto te permitirá vivir, ahora y después, con una menor sensación de carga.

Entonces, ¿no existe el infierno? ¿Es un mero mito? Sí y no. Echemos un vistazo rápido a esta cuestión.

Los Conductores que no llegan al plano de luz

Prefiero referirme al infierno con el término budista Avichi, porque el primero denota claramente un lugar mientras que el segundo evoca un estado consciencial, lo cual se corresponde más con la realidad.

De todas las experiencias que se pueden vivir en el tránsito, la del Avichi es la de nivel vibratorio más bajo; por supuesto es la más dura, y también la más prolongada. Se corresponde con un estado de una enorme soledad en medio de la oscuridad. El mundo emocional y el mental de los seres fallecidos que viven esta experiencia es absolutamente denso, está absolutamente cargado. Se trata de seres que llevaron a cabo actos de enorme perversidad cuando estuvieron en el plano físico, normalmente relacionados con asesinatos de seres queridos. Por lo tanto, solo entran en el Avichi Conductores que se encuentran en un estado de inconsciencia excepcional.

El Avichi presenta una diferencia fundamental respecto al resto del tránsito, y es la siguiente. En el tránsito se van viviendo experiencias que permiten que el estado de consciencia del ser fallecido vaya evolucionando: se da cuenta de que ha muerto y acaba por aceptarlo, y sus componentes emocionales y mentales se van disolviendo. Sin embargo, en el Avichi la evolución, de algún modo, se estanca. El ser fallecido puede permanecer ahí durante años, décadas e incluso siglos, y no experimentar ningún avance evolutivo apreciable. Si es incapaz de disolver o abandonar sus componentes emocionales y mentales en todo este tiempo y acceder así al Devachán, es posible que se vuelva a encarnar en un cuerpo físico desde el mismo Avichi. En cualquiera de los casos, la estancia aquí, por más larga que pueda ser, nunca es eterna.

Las encarnaciones se planifican adecuadamente en el plano de luz, y lo normal y natural es tomar un nuevo cuerpo tras haber morado en dicho plano. Si la encarnación no se produce en estas circunstancias, el Conductor procedente directamente del tránsito tendrá un estado de consciencia caracterizado por una gran densidad.

Una vez que esté de nuevo en el plano material, su evolución consciencial será extraordinariamente lenta. Esa persona manifestará unos comportamientos egoicos, fruto del desasosiego y el sufrimiento que cargará en su interior. Algunos de estos comportamientos podrán ser adictivos y violentos. Muchas de las personas que gozan haciendo daño a las demás —las que calificamos de psicópatas— han encarnado directamente desde el tránsito.

Jesucristo mencionó, en un determinado momento, a los muertos que entierran a sus muertos —en *Lucas,* 9:60 y *Mateo,* 8:22—. Es posible que se estuviera refiriendo a las personas que no han encarnado desde el plano de luz. Porque estos individuos, aunque estén «vivos», se puede decir que están muertos desde el punto de vista de la consciencia a causa de la tremenda densidad consciencial y el enorme apego a lo material que experimentan.

En cualquier caso, en la Creación no hay nunca nada que esté «mal». Esos seres encarnarán una y otra vez hasta que llegará el momento en que tendrán unas experiencias que les permitirán evolucionar en consciencia. Cuando esto acontezca, dejarán de estar atrapados en el tránsito tras el fallecimiento, y podrán acceder finalmente al plano de luz.

Una vez que el Conductor ha reconocido que su cuerpo físico ha fallecido, lo ha aceptado y se ha disuelto su cascarón emocional-mental, se da cuenta de que está acompañado. De hecho, ya estuvo acompañado durante el tránsito por formas de vida del astral superior, pero no fue consciente de ello. En esta ocasión, el acompañamiento tiene lugar por seres de luz —Conductores— que fueron familiares en la vida transcurrida.

En el caso de mi ECM, vinieron a recibirme quienes habían sido mi padre y mi madre. No los reconocí porque presentasen una forma holográfica correspondiente a lo que había sido su cuerpo físico, sino porque desprendían una especie de aroma que me permitió identificarlos —una imagen apropiada para que puedas hacerte una idea de la sensación sería el hecho de ir por la calle, percibir el olor de lentejas cociéndose y saber, así, que alguien las está cocinando, aunque no lo veas—. Me comuniqué con ellos, y acto seguido me di cuenta de que había otras figuras de luz presentes.

El Conductor que está pasando al plano de luz no se ve acompañado solo por quienes habían sido seres queridos; también están ahí seres a quienes había considerado sus guías y referentes espirituales cuando estaba encarnado —en caso de haberlos tenido—. Puede tratarse de santos, maestros, etc., que reciben de forma jovial al Conductor recién llegado, le transmiten paz y confianza y lo acompañan hasta el túnel de luz.

En casos excepcionales, el ser fallecido no cuenta con ningún pariente o amigo que le dé la bienvenida; entonces sale a recibirlo algún miembro del gran grupo de servidores que tiene esta función. Se trata de un numeroso grupo muy bien preparado de auxiliadores, constituido para este trabajo específico de asistir a los recién llegados. Les explican las modalidades de la nueva vida que les espera y los ayudan a situarse en ella de la forma más conveniente posible.

5
Las interacciones con el tránsito

Una nueva forma de vivir

Lo más básico e ineludible, tras morir, es la experiencia de vivir sin cuerpo físico. Esto implica darse cuenta de que se goza de algunas capacidades, como la de desplazarse sin necesidad de andar, y verse liberado de las restricciones que imponía el cuerpo biológico. Por ejemplo, alguien que estaba cojo puede ahora caminar, y alguien que estuviera ciego puede ver.

En el tránsito cambia la vida del Conductor mientras su mente no se lo impida, pues esta sigue teniendo el poder de crear hologramas e irrealidades que pueden anclarlo en ese espacio e impedirle transcenderlo. Si la mente no se interpone, el Conductor va a aprender a vivir sin apegos, deseos ni necesidades, lo cual llevará a la disolución de sus cuerpos emocional y mental —o de sus contenidos, por lo menos—. Lo ha dejado todo —todas sus posesiones, incluido el cuerpo físico— y, al entrar en el tránsito, inicia una nueva forma de vivir.

A algunos Conductores les cuesta reconocerse y reconocer su nuevo estado. Necesitan que los ayudemos a recordar que han desencarnado y quiénes eran en el plano terrestre. Si su mente no está preparada para ello, pueden vivir la nueva experiencia como desconocida y sentir miedo. El «factor sorpresa» afecta sobre todo a los desencarnados que han tenido una muerte no deseada y a quienes han muerto en accidentes. Está también el caso de quienes, aun siendo conscientes de que han fallecido, tienen dificultades para aceptarlo a causa de distintos tipos de apegos.

Cuando el ser fallecido quiere incidir sobre el plano físico

Especialmente en los casos en que no se ha dado una «buena muerte», el ser fallecido puede tener la necesidad de interactuar con el plano físico. Ello se produce en una diversidad de contextos. Por una parte, hemos visto el caso del vendedor de Bilbao que, vinculado al mundo material por el placer, manifestaba fenomenología paranormal. También manifestaba fenómenos paranormales el señor de Extremadura que dejó su casa en herencia, en este caso a partir de su estado de ira y ofuscación.

Veíamos también otro tipo de caso: el de la mezzosoprano que se manifestó con un mensaje de whatsapp. Cabe decir que el mundo de la tecnología ofrece buenos recursos, a los seres que se hallan en el tránsito, para manifestarse: desde el plano astral es más sencillo manipular campos electromagnéticos que mover objetos, por lo cual esta forma de «llamar la atención» está proliferando.

En otros casos, el ser fallecido se deja sentir de alguna manera. Puede ser que el vínculo emocional que tenga establecido con personas a las que «ha dejado» le haga experimentar la ansiedad de estar ahí para ellas y serles de ayuda.

Hemos de tener claro, en el contexto de la buena vida y la buena muerte, que nunca podremos ejercer una influencia positiva sobre nuestros seres queridos por más que los amemos y deseemos su bien desde el tránsito. Cualquier intento que haga el ser desencarnado de aproximarse o de ayudar en estas circunstancias no tiene un efecto positivo; incluso puede ser contraproducente, porque el alma no está en armonía —si lo estuviese, ya habría pasado al plano de luz—, y es imposible ejercer una buena influencia desde la angustia. Si, en estas circunstancias, el ser desencarnado logra hacerse perceptible, será sentido desde aquí como una presencia fría, incluso perturbadora. Esta es una de las razones por las que es muy importante desarrollar el *manas* superior o mente abstracta —adoptar una perspectiva amplia en relación con las dinámicas de la existencia y limar los apegos—.

Con una mayor sabiduría existencial seremos más libres y más capaces de dejar libres también a los demás, y estaremos facilitando un proceso evolutivo más fluido y menos complejo para nosotros mismos y todos los implicados. Puesto que las dinámicas positivas suman y no restan, no se pierde nada por desapegarse lo suficiente, abandonar el tránsito y entrar en el plano de luz: desde ahí nos será posible ejercer algún tipo de influencia positiva sobre quienes fueron nuestros seres queridos, pero ya desde la armonía, con lo cual, ahora sí, nuestra ayuda les resultará ciertamente provechosa.

Una amiga mía —vamos a llamarla Amparo— que, al igual que Perséfone y Lourdes Tornos, tiene la capacidad de comunicarse con seres fallecidos que están en el tránsito, me contó un caso que ilustra muy bien lo que se acaba de explicar.

* * *

Sentir la presencia.
El caso de una madre que no quería dejar a sus hijos.

Sin buscarlo, en el curso de una meditación Amparo sintió una presencia. Se trataba de una mujer que había desencarnado y que se dirigió a ella en un estado de tensión y angustia desde el tránsito. Le explicó que había dejado el cuerpo físico unos tres meses atrás, como consecuencia de un cáncer, y que había dejado en el plano terrestre a dos hijos de corta edad —de cuatro y dos años—.

Había tardado un poco en darse cuenta de que había fallecido, pero ahora que ya lo tenía claro, no podía dejar a sus hijos en el plano físico e irse al de luz. Lo que quería era estar con ellos, atenderlos, darles cariño. Lo estaba intentando, pero tenía muchas dificultades; no sabía cómo hacerlo. Sus hijos no estaban percibiendo su presencia como a ella le gustaría...

Se encontraba en este estado de desasosiego cuando entró en contacto con Amparo, a quien le pidió si podía ayudarla. Amparo le planteó que más que ayudarla a entrar en contacto con sus hijos podía ayudarla a seguir su camino hacia el plano de luz. Pero la desencarnada rehusó el ofrecimiento porque, le dijo, no quería estar en ningún otro sitio, sino lo más cerca posible de sus hijos en el plano físico.

Amparo, en sucesivos encuentros, que duraron más de un mes, intentó explicarle que desde el plano de luz iba a tener otro tipo de conexión con ellos, mucho más potente y armoniosa. También le decía que intentase mirar en su entorno para percibir la presencia de seres de luz o de seres queridos que hubiesen desencarnado antes, y que pudiesen estar ahí para ayudarla a pasar por la fase del tránsito. Ella se negaba a hacerlo, pero en un determinado momento, fue precisamente esto lo que la ayudó a cambiar la perspectiva: efectivamente, comenzó a encontrar la presencia de un ser querido desencarnado —concretamente, del que había sido un hermano suyo—, quien abundó en los argumentos que le había estado ofreciendo Amparo desde el plano físico.

A partir de ahí, por una labor de autoconvencimiento, y posiblemente también por la frustración que le estaba originando intentar estar en contacto con el plano físico sin conseguir nada, adquirió la determinación de continuar hacia el plano de luz.

* * *

El caso de esta madre deja patente que es mejor no demorarse en el tránsito por más que se tengan las mejores intenciones. Entonces, ¿no hay nada beneficioso que pueda hacer el ser fallecido desde el tránsito? En realidad sí que es posible hacer algo «saludable» en relación con los seres queridos que permanecen en el plano material: despedirse de ellos aprovechando el estado de sueño, sobre todo si la despedida no ha podido realizarse en vida.

La ayuda a los «Conductores» que están en el tránsito

Está claro que la experiencia del tránsito no siempre es fácil. Muchos Conductores van a necesitar ayuda, acompañamiento e incluso terapia con el fin de sanar sus componentes emocionales y mentales, y poder desprenderse de ellos. Lourdes Tornos nos detalla cómo se produce el acercamiento:

> *Algunas veces las almas que están en el tránsito buscan el modo de pedir ayuda y pueden acercarse a nuestras vidas —nos conozcan o no— pidiendo acompañamiento o sanación. Es necesario que aprendamos a considerar esta situación dentro de una normalidad. Todos somos multidimensionales, y la conexión multidimensional es «lo más normal del mundo».*
>
> *Cuando una persona conocida fallece, es fácil que después de desencarnar nos busque pidiéndonos auxilio, pues en el espacio del tránsito «sabemos» quién nos puede ayudar, y el modo de acceder a esa persona. Las almas suelen acercarse a familiares y conocidos, pero no siempre es así. Pueden acercarse a nosotros almas de desconocidos, tanto de este tiempo como de tiempos pasados. Estas se aproximan por resonancia, es decir, por algo que hay en nosotros similar a ellas. Este algo es una emoción o un sentimiento común que le sirve al alma para unirse a nuestra frecuencia. Es necesario ser conscientes de estas situaciones para que realmente sean útiles y coherentes, y podamos ayudarnos entre todos. Ayudar a otra alma a que encuentre el camino de la luz nos sana a nosotros mismos.*
>
> *Si no ponemos la consciencia, el alma de la persona desencarnada se queda unida a nuestra aura y podemos sentirnos mal, o muy cansados, o sentir frío, sin comprender lo que nos sucede.*
>
> *Pero hay también almas que no piden ayuda. Simplemente están y habitan dentro del espacio del tránsito en distintas modalidades:*
>
> — *Almas que están bien en su situación; no necesitan nada.*
> — *Almas que desean permanecer con su familia.*
> — *Almas que entran en la no aceptación y crean hologramas o realidades alternativas, en las que existen.*
> — *Almas que no entienden y permanecen en espera, como en un* shock *que las mantiene inactivas.*

Según Lourdes, para ayudar a los desencarnados que se acercan a nosotros «es necesario poner una intención y crear espacios conscientes de ayuda». También se puede asistir a los desencarnados que no piden auxilio; pero, en este caso, «se requiere estar a su lado tal y como están. Solo nuestra presencia tranquila y nuestra aceptación ya es suficiente para que se abran posibilidades de consciencia y de luz para ellos».

¿Tienes a un ser querido recientemente fallecido y presientes que puede necesitar asistencia, pero no eres capaz de percibirle? Esto no es un obstáculo para que puedas hacer algo por ese Conductor. Todas las corrientes espirituales afirman que podemos ayudar desde el plano físico a quienes están en el tránsito a que se den cuenta de que han fallecido, a que acepten este hecho, y a que se liberen de sus cargas emocionales y mentales y puedan ir hacia el plano de luz. Incluso puede ser que, en nuestra condición de seres humanos encarnados, contemos con ventaja para ofrecer esta ayuda. Así lo afirma, al menos, José Luis de la Rica:

> *El hecho de que* [los seres desencarnados que están desorientados en el tránsito] *puedan leer la mente de los que aún ocupamos un cuerpo físico —el cual tiene una baja vibración— nos ofrece una posibilidad única para que estas personas obcecadas puedan convencerse de su error y terminen confiando en la intención que tenemos hacia ellas.*
>
> *Los seres espirituales no pueden hacer lo mismo, porque su vibración es superior a la de la persona que está mentalmente apegada a la vida terrenal.*

Ya hemos visto las recomendaciones que nos hace Lourdes Tornos para ayudar a los Conductores que están en el tránsito, tanto si piden asistencia como si no. En general, las personas que tienen el don de percibir presencias que se han quedado en el tránsito y comunicarse con ellas recomiendan, en primer lugar, que tengamos un enorme respeto por lo que están viviendo. Es decir, si hay una serie de aspectos emocionales y mentales que mantienen al ser fallecido en el tránsito, esto no justifica que lo miremos por «encima del hombro», como si fuese, en cierto sentido, alguien de menor valía. Hay que mirarlo de igual a igual. La otra clave es el amor.

Como dice José Luis de la Rica, «si quieres ayudar a un ser querido que acabe de fallecer, dirígete mentalmente a él o ella y hazle llegar tu cariño». El solo hecho de que sepa que estás pendiente de su proceso, desde el amor y la armonía, ya le ayuda.

A partir del respeto y el amor, invítalo a superar definitivamente lo que ha vivido en la vida física desde el punto de vista emocional y mental. Aunque no se tenga capacidad de ver o sentir a los seres fallecidos, vale la pena hacer esto, porque el efecto es el mismo.

Si había un asunto pendiente entre tú y la persona que acaba de fallecer, transmítele que, en lo que a ti respecta, el conflicto está ya solucionado o perdonado. Uno de los casos que nos ofrece Lourdes Tornos es representativo de la importancia del perdón.

* * *

Un ingrediente para la paz: el perdón.
El caso del padre de María.

María es una mujer sensitiva. Cierto día me habló de su padre, afectado de cáncer terminal. Habitualmente el padre vivía en casa de su otra hija, y una noche, María experimentó el poderoso impulso de estar con él. Sintió que se estaba muriendo… ¡Lo sabía!

Planeó todo para salir de casa sin despertar ni preocupar a nadie. Mientras hacía los preparativos, su hermana llamó por teléfono y le dijo que se iba con el padre al hospital. De forma inesperada, el anciano había empezado a gritar muy asustado pidiendo ayuda: ¡se estaba ahogando! Entre el padre y María había habido una conexión telepática total.

El hombre aún tardó dos días en fallecer. Y María sintió su último aliento como si lo hubiesen desconectado. Y es que, en efecto, desencarnar es similar a desconectar.

Pasadas unas horas, María me comunicó el fallecimiento de su padre. Entramos en conexión con su alma y pudimos sentir que estaba enfadado, enojado con todo: la vida, la muerte, los médicos, la enfermedad… Lo ayudamos transmitiéndole la información clave:

—¡Tranquilo, ya estás muerto!

Ese día no pudimos hacer nada más por su alma.

Una semana más tarde, ya pasado el funeral, María supo que su padre aún no había partido, y entramos en meditación las dos juntas. El hombre en ese momento estaba muy tranquilo, totalmente diferente a la conexión del día posterior a su muerte. Ahora quería ser perdonado; pidió que sus dos hijas, sus nietos y todos quienes lo habían cuidado lo perdonasen. María lo hizo de todo corazón.

Y también lo perdonó en nombre de todos.

Esta fue la mejor manera de liberar la mente del padre. Tanto él como María sintieron paz, y el alma del anciano pudo elevarse finalmente hacia la luz.

* * *

En el tránsito no son tan importantes los hechos como la huella emocional que han dejado; y si esta huella incluye la necesidad del perdón, es muy importante que quienes estamos —aún— encarnados contribuyamos a aligerar esta carga. Quitaremos un peso de encima al ser fallecido, sí, pero además tendremos algo menos de lo que desprendernos cuando llegue nuestra hora.

Las distintas actitudes mencionadas tienen algo en común: estamos presentes para el ser fallecido. Como nos explica Perséfone, al ser fallecido le resulta útil contar con una presencia humana en el proceso de desprenderse de sus aspectos emocionales y mentales. Esto es así porque nos hemos visto como individuos durante toda la vida, como seres humanos; y necesitamos al otro para saber quiénes somos. Por eso, dice Perséfone, cuando el alma ha desencarnado, el hecho de que haya un ser humano presente, consciente de ella, le permite posicionarse. A partir de aquí, la persona desencarnada establece su propio ritmo para dar los siguientes pasos.

Una ayuda muy concreta que se puede ofrecer a los Conductores desencarnados que están en el tránsito es indicarles que tienen la capacidad y la posibilidad de despedirse de sus seres queridos en sueños. Es muy liberador para el ser desencarnado y, a la vez, proporciona un alivio importante a la persona que es objeto de esta comunicación —alivio que se ve mitigado si la persona considera que «solo ha sido un sueño»—. El ser fallecido puede presentarse en sueños para decir adiós, manifestar que sigue vivo y que todo va bien.

Perséfone ha tenido que «educar» en numerosas ocasiones a los desencarnados en relación con esta habilidad. Y Lourdes Tornos también se ha encontrado con el caso. Vale la pena reproducir una experiencia más de Perséfone sobre este tema: precisamente la situación que la hizo desistir de hacer de mensajera entre los seres fallecidos y sus familiares. Por fortuna, no tardó en descubrir que las almas desencarnadas pueden despedirse por sus medios.

* * *

Aprendiendo discreción.
El caso de Matilde.

Este fue uno de los primeros casos que viví de contacto con un ser fallecido, y me impresionó vivamente.

Una amiga tenía a su madre ingresada en el hospital con un cáncer muy avanzado. Aprovechando que me encontraba en la localidad donde residían, acudí para acompañarla un rato y distraerla un poco tras tantos meses allí metida.

Cuando llegué le sugerí que saliésemos del hospital para que se despejase un poco, pero me dijo que no quería salir, que tenía miedo de que su madre, Matilde, se pusiese peor, con lo que fuimos a otra planta para tomar un café de máquina.

De pronto, mientras estábamos tomándolo, noté una especie de opresión en el pecho, y le dije a mi amiga que creía que teníamos que ir ya a la habitación. Se puso un poco más nerviosa y subimos.

Al llegar, Matilde estaba viva todavía y me reconoció. Nos saludamos con cariño y me aseguró que la cosa no estaba yendo bien. Le dije unas palabras de ánimo… y vi cómo se iluminó todo su cuerpo. De pronto, su alma se desprendió y pasó a haber como dos personas: por una parte, su maltrecho cuerpo físico; por otra parte, fuera del cuerpo, una imagen luminosa en la que esa misma mujer se veía pletórica y juvenil. Esa joven Matilde se me quedó mirando y me preguntó si la veía. Le dije que sí —yo estaba alucinada—.

—Pues diles a mis hijas que no lloren, que estoy bien —me respondió.

Mientras el corazón le dejaba de latir, acudieron las enfermeras y los médicos, y la familia más directa entró también en la habitación. Yo salí de la misma para darles intimidad en esos momentos tan duros… pero el alma de Matilde vino conmigo. Me dijo que eso de estar muerto no era lo que nos habían contado, que era otra cosa. Yo, que seguía impactada, le aseguré que transmitiría el mensaje a sus hijas en algún momento, pero que creía que se tenía que despedir de ellas, no de mí. Entonces se fue. Esperé un poco a que las cosas se calmaran y me puse a disposición de la familia.

Al cabo de una semana empecé a soñar con Matilde.

No entendía por qué, y le pedí que se manifestara claramente si quería algo. Se presentó y me dijo:

—Tienes que decirle a mi hija que no se preocupe y que sea ella; que no tiene que ser lo que no es.

Tras considerarlo, tomé la decisión de ir a decírselo. Compré flores, y allí me encaminé. El resultado fue que se puso a llorar; dijo que no entendía nada y me preguntó si yo esperaba algo a cambio. Cuando le dije que nada, que solo estaba haciendo lo que Matilde me había pedido, se puso en pie, me agradeció las flores y me pidió que me marchara. La relación entre ambas nunca volvió a ser igual. Acabé perdiendo a una amiga.

Desde esa ocasión nunca he vuelto a hacer de mensajera entre las almas desencarnadas y sus seres queridos. Las consecuencias no son medibles para quien recibe el mensaje ni para quien lo da. Además, después de estudiar sobre el duelo, me quedó claro que cada uno tiene que elaborar su dolor por la pérdida de su ser querido y que mensajes como ese podían distorsionar el proceso, de modo que no son recomendables.

Poco después me di cuenta de que los mismos seres fallecidos se pueden comunicar directamente con sus seres queridos durante el breve período en que nosotros los vivos podemos estar en contacto con el plano en el que se hallan: en sueños. Más concretamente, en los momentos de duermevela: al principio o al final del sueño, o en los momentos de transición entre los ciclos del sueño.

A veces las almas desencarnadas no saben que pueden hacer eso y hay que decírselo; cuando así lo he hecho, y me han hecho caso, han acudido a despedirse de sus familiares o darles un mensaje de amor, unas palabras de aliento. Si, además, conozco personalmente a ese familiar, no es raro que después me diga que ha tenido un sueño muy especial en el que acontecían cosas muy entrañables, coherentes con la relación que había habido entre él o ella y la persona fallecida. En ese caso no hay dolor, sino amor, ya que la comunicación se ha producido en el contexto de la intimidad de la relación.

* * *

No debe resultar extraño que el ser fallecido pueda comunicarse en sueños si se tiene en cuenta que el espacio del tránsito y el de los sueños es el mismo, tal como se exponía en el segundo capítulo: efectivamente, tanto los seres desencarnados que se hallan en el tránsito como el cuerpo emocional de las personas «vivas» habitan en el plano astral. Y puesto que la consciencia de los «vivos» se ubica en el cuerpo emocional durante el sueño, el ser desencarnado puede aprovechar la ocasión para comunicarse.

Despedirse en sueños no es lo único que podemos «enseñar» a hacer a los seres fallecidos. También puede indicárseles que tienen la capacidad de viajar adonde quieran por medio de unir el pensamiento de hacerlo con la emoción de que quieren hacerlo —lo veíamos en el caso de Fernando, expuesto por Perséfone—; y, en algunos casos, incluso es pertinente indicarles algo más elemental: que pueden desplazarse —como veíamos en el caso de la madre de Marta, expuesto por Lourdes Tornos—. Esto no significa caminar paso a paso, sino que pueden volar, deslizarse, atravesar materiales o situarse en otro lugar solo con pensarlo.

En principio, los seres fallecidos que entran en el tránsito deberían ser conscientes de estas habilidades de forma automática, pero pueden experimentar tal estado de somnolencia o aturdimiento que tengan dificultades para reconocerlo por sí mismos.

[Hago un inciso para indicar que algunas de las «capacidades especiales» que tienen los fallecidos las tiene también el ser humano encarnado. Los seres fallecidos pueden comunicarse por medio de los sueños, pero también por medio de la escritura automática o aprovechando el estado sonambúlico de la persona... y los individuos también podemos comunicarnos por estos medios mientras aún estamos «vivos», si desarrollamos la habilidad de hacerlo. Como decía Annie Besant, si cada cual desarrollase en sí los poderes de su propia alma en lugar de vagar sin objeto definido o de dedicarse, sin saber lo que hace, a efectuar experimentos espiritistas peligrosos, podría acumular sin riesgo este tipo de conocimiento, y la evolución del alma se aceleraría. La causa de que la muerte sea un abismo en lugar de una puerta de comunicación entre las almas encarnadas y las desencarnadas es que el Conductor humano, cegado por el cuerpo, ha perdido el contacto con los otros Conductores].

Más allá de las capacidades que podamos indicar a los seres fallecidos, lo fundamental es, por supuesto y como se ha venido indicando, facilitarles su evolución en el tránsito.

Perséfone «acompaña» a las almas desencarnadas a pasar al plano de luz por medio de la oración. Debido a su formación católica, ella les reza un avemaría, o en ocasiones un padrenuestro y un gloria. Expresa que con esto suele ser suficiente. Lo sabe no solo porque dejen de manifestarse, sino también porque, por un instante, se le aparecen en otro estado vibratorio y le transmiten su agradecimiento.

José Luis de la Rica, por su parte, pide el concurso de Jesucristo para que asista a las almas que están en el tránsito y las conduzca al plano de luz. ¡No son pocas las personas que efectúan el vuelo de la mariposa que entran en contacto con Jesucristo o con la Virgen! De modo que si estás en sintonía con lo espiritual o religioso, de tal forma que puedas rezar con convencimiento, dispones de una gran herramienta para asistir a los seres fallecidos en el tránsito.

En *El libro tibetano de los muertos* se hace referencia a cómo dos monjes budistas, durante cuarenta y nueve días, van recitando continuamente unas oraciones muy antiguas con una determinada musicalidad y haciendo vibrar las cuerdas vocales de cierta manera. Consideran que, de alguna forma, estos cánticos pueden ser oídos por quienes están en el tránsito. La finalidad es comunicarles que sigan adelante con su proceso y que se liberen de sus cargas para que, por fin, puedan acceder al plano de luz o Devachán. En el último día de esos cuarenta y nueve, se une a los dos monjes la familia del fallecido; hacen una especie de despedida final y cierran el rito apagando la llama que habían encendido al inicio.

En el catolicismo hubo una orden, la de los Fosenses, que durante mucho tiempo gestionó cementerios en España. No solo se ocupaban de enterrar a la gente, sino que, después, efectuaban un acompañamiento del alma que estaba en el tránsito. En un determinado momento se tuvo la sensación de que esta orden perdía su identidad, de modo que se llevó a cabo una reforma interna que dio lugar a la denominada Orden de la Resurrección, la cual ha gestionado cementerios en España hasta tiempos relativamente recientes. Como en el caso de la Orden de los Fosenses, su función no se limitaba a los enterramientos, sino que sus miembros también efectuaban un acompañamiento durante días.

En el contexto de la religión católica se celebran misas para los difuntos. Todos estamos familiarizados con la misa habitual que tiene lugar poco después de la muerte, pero las familias más implicadas con los ritos católicos mandan celebrar misas sucesivas en honor a la persona fallecida: una semana después del fallecimiento, un mes después, un año después, y en años sucesivos. El trasfondo de esta práctica, aunque no se acabe de ser consciente de ello, es acompañar al ser que está en el tránsito, hacerle llegar un mensaje de solidaridad, de apoyo, de que no se le olvida, de que continúe hacia delante en su proceso —de todos modos es difícil que, un año y varios años después del fallecimiento, la persona desencarnada siga precisando este auxilio—.

Más allá del acompañamiento que podamos llevar a cabo los seres humanos, las personas fallecidas que están en el tránsito cuentan también con otras ayudas. En el plano astral habitan formas de vida densas, pero también las hay muy sutiles y evolucionadas espiritualmente que acompañan y apoyan al desencarnado en el proceso de disolución de las huellas emocionales y mentales que pueda traer de la vida física. Según Lourdes Tornos, incluso seres de otras constelaciones se implican en ello:

> *Hay ocasiones en las que las almas están tan mermadas a causa de todo lo vivido en el plano 3D tierra que, aun después de tomar consciencia de su nuevo estado de existencia desencarnada, y de empezar a desidentificarse de las creencias y sufrimientos propios de la tercera dimensión, siguen sin poder elevarse a estados superiores de luz. Esto es debido a que están llenas de memorias de dolor, limitación y poquedad.*
>
> *Estas almas reciben una ayuda especial y son trasladadas a espacios de sanación, semejantes a lugares de reposo, que pueden estar en el plano intraterreno y etérico de la tierra —por ejemplo, en montañas del Perú— o en planos astrales conocidos como hospitales del cielo, donde son atendidas por seres de otras constelaciones, especialmente de Sirio y Orión.*
>
> *En estos espacios las almas sanan sus memorias y recobran su luz, su identidad, su poder o dignidad. Es entonces cuando pueden acceder a los planos elevados de luz.*

Por último, ¿sabías que cuando estás haciendo un trabajo interior de sanación de tus emociones puede ser que también estés ayudando a Conductores que están en el tránsito? Lourdes Tornos nos explica muy bien este fenómeno:

> *A veces las emociones que vivimos no podemos sanarlas individualmente. Y es que son parte de la mente colectiva humana de forma automática. Por ello, cuando se activan emociones en nosotros, en*

realidad no son nuestras, no son individuales, sino que nos pertenecen a todos.

De igual modo, el equilibrio de las emociones tampoco es un asunto individual, sino colectivo, aunque la responsabilidad de sanarlas empieza con una intención individual. Por ello, cuando entramos a armonizar nuestro interior, podemos encontrarnos con experiencias y situaciones que no pertenecen solo a nuestra vida privada, sino también a otras almas que viven o han vivido situaciones y sentimientos similares en algún aspecto.

Por eso cuando entramos a sentir es posible que se unan a nosotros almas en tránsito que están resonando en el mismo sentimiento. Nos sanamos de forma colectiva, unidos a dichas almas. Es un proceso de cooperación y de ayuda mutua y requerimos de un proceso intenso y consciente para llevarlo a cabo.

CUIDADO: LAS «ALMAS» NO SON SIEMPRE ALMAS

Especialmente Perséfone se lo ha encontrado muchas veces: parece presentarse un ser fallecido, pero no es tal. Es algún tipo de entidad que aprovecha la huella energética del fallecido para tomar forma y manifestarse. Veamos cómo descubrió este interesante fenómeno, explicado por ella misma:

* * *

No es un fallecido.
Aprovechar la huella energética.

Hace años viví al lado de un cementerio. El piso era nuevo, a estrenar, precioso, pero bombilla que encendía, bombilla que se fundía. Yo no sabía ya qué hacer, pues lo que estaba ocurriendo no tenía ningún sentido. Hice que revisaran la instalación eléctrica y probé con bombillas de diferentes marcas, pero nada parecía funcionar, hasta que una amiga me dijo:

—¿No será que tienes un exceso de gente en casa?

Nos dio un ataque de risa a las dos, pues yo estaba descubriendo esta nueva capacidad que se había despertado en mí y todavía no sabía muy bien cómo funcionaba. Efectivamente, tras hacer un rato de meditación, ahí los vi: estaban acudiendo a mi casa los difuntos, y otras entidades, uno tras otro, ¡como en tropel! Intentaban comunicarse, pero por aquel entonces yo era un poco sorda y no era capaz de escucharlos. Por eso lo que hacían era fundirme las luces, pues es muy fácil para ellos llamar la atención de esta manera.

Esa misma noche recé un rosario por todos ellos, por la elevación de sus almas y por todas las del purgatorio en general, y durante unos días mi sistema eléctrico y mis bombillas estuvieron en óptimas condiciones. Sin embargo, al poco tiempo el fenómeno comenzó a repetirse. Fue entonces cuando mi amiga, guiada por el sentido común, me dijo que probara a poner mis criterios; de lo contrario, me iba a gastar un dineral en bombillas.

Después de pensarlo, decidí que no quería que todas esas presencias camparan a sus anchas por mi casa, así que puse unas «normas»: yo rezaría todos los días tres avemarías al pasar por delante del cementerio y ellos no entrarían en mi casa. Y, ¡oh sorpresa!, funcionó. Dejaron de fundirse las bombillas.

De este modo tuve uno de mis primeros aprendizajes en este asunto, y es que cuando tomamos la iniciativa con el otro plano, también intervenimos en él. Ambos lados están en relación continua.

Otro aprendizaje que tuve gracias al tiempo que viví cerca del cementerio fue la capacidad de distinguir entre los difuntos humanos y otro tipo de manifestaciones. Concretamente a las almas las veía como representaciones holográficas coherentes con el cuerpo físico en el que habían estado. Esto tiene todo el sentido, ya que de algún modo, como seres humanos, tenemos la energía condensada en una estructura que sigue dando forma a nuestro campo bioenergético tras el fallecimiento.

Por otro lado, están las entidades que utilizan la huella energética de las personas vivas para manifestarse, entendiéndose dicha huella como la reminiscencia energética creada por las emociones de dolor. Vistas de frente, esas entidades pueden confundirse con almas, pero vistas desde otra perspectiva, o en global, se ve que no tienen la misma coherencia. Son como una amalgama de algo: hay un componente humano, pero no tienen identidad propia.

Con la observación diaria me di cuenta de que almas había pocas, pero entidades de este tipo, muchas. A su manera estaban pidiendo ayuda, y mi oración también las ayudaba a elevar su frecuencia.

Diariamente rezaba las avemarías, en ocasiones hasta rosarios enteros, y la perturbación empezó a mitigarse.

Fue un proceso: en primer lugar, cambié yo internamente, y, en consecuencia, hubo cambios en la zona. Estuve viviendo tres años en ese piso; cuando lo dejé, la vibración del cementerio había cambiado por completo.

* * *

Decía Perséfone que «almas había pocas, pero entidades de este tipo, muchas». Y es que el plano astral —que es tan real como el físico, pero mucho más sutil— está ciertamente habitado por muchas formas de vida: elementales, espíritus de la naturaleza y un largo etcétera.

En la literatura sobre estos temas se menciona la existencia de un plano astral inferior y otro superior. Es una forma esquemática de hacer referencia al hecho de que en el astral habitan, por una parte, formas de vida más densas, de frecuencia vibratoria más egoica, más pesada, y por otra formas de vida más generosas, más altruistas, más sutiles.

Pues bien, hay que tener presente que cuando alguien decide invocar la presencia de algún espíritu —por medio de la güija, por ejemplo— va a atraer, en cualquier caso, formas de vida del astral inferior, nunca del superior. Estas últimas jamás van a interferir con el albedrío humano ni van a prestarse a prácticas como estas; pero las formas de vida del astral inferior sí pueden hacerlo.

¿Qué formas de vida del astral inferior pueden atraerse? En primer lugar puede atraerse el cascarón —los componentes emocionales y mentales en proceso de disolución— de un ser fallecido. En sesiones de espiritismo el cascarón puede repetir recuerdos personales de la última vida o bien encontrarse con la mente de los presentes en la sesión —quienes van a tener recuerdos de episodios e incidentes acontecidos a esa personalidad—.

Según la autora Annie Besant, esto explica la mayor parte de los fenómenos del espiritismo de una forma u otra. Mientras el

Conductor permanezca en el tránsito y esté revestido con la última de sus vestiduras perecederas, puede utilizar los cuerpos físico y astral del médium. Puede procurarse conscientemente, de este modo, un instrumento por el que obrar en el mundo que ha dejado y comunicarse con los encarnados. No es aconsejable propiciar desde aquí, desde el plano físico, este tipo de contactos, salvo cuando se dispone de dones y talentos para ayudar al desencarnado en tránsito a que tome consciencia de que ha muerto físicamente y lo acepte, y evolucione así hacia el plano de luz o Devachán.

También puede ser que la comunicación no se establezca con el cascarón de un ser fallecido, sino con otras entidades del más allá; por ejemplo, con los centros semiconscientes de fuerza conocidos en el lenguaje esotérico como elementales: tienen un papel muy importante en las sesiones de espiritismo y son, en su mayor parte, los agentes que actúan en la producción de los fenómenos físicos. Transportan o tiran objetos, producen ruidos, tocan campanas, etc. Algunas veces hacen travesuras con despojos kámicos, a los cuales animan y les hacen parecer espíritus de grandes personajes que han vivido en la tierra, pero que seguramente han degenerado de modo lamentable en el «mundo de los espíritus», a juzgar por sus efusiones. Algunas veces, en sesiones de materialización, se entretienen en arrojar imágenes de la luz astral a las que hacen tomar el parecido de personas. Por otra parte, hay que tener en cuenta que también hay elementales de un orden muy elevado que de vez en cuando se comunican con médiums de cualidades excepcionales.

Algunos de los habitantes del astral interior tienen la suficiente enjundia como para perturbar a una persona y, en los casos más extremos, entrar en ella.

Veíamos en la exposición de los casos de Lourdes cómo había seres fallecidos que se «asociaban» con alguien a quien sentían afín en algún aspecto con el fin de sentirse acompañados y obtener energía. Pues bien, hay entidades en el astral inferior que aspiran a más, a tener expresión física. Y lo que hacen es elegir a alguien que, por sus características, les permita la entrada. Esto ocurre muy excepcionalmente, pero por los temas que aborda este libro cabe mencionarlo.

En primer lugar, ¿qué son estas entidades? En principio se trata de desencarnados que han quedado en el tránsito, cuyo componente kamásico —cuyo elemento emocional y mental— está muy sobrecargado, de modo que no se limitan a asociarse con la persona, sino que llegan a poseerla —este tipo de posesiones también pueden llevarse a cabo por otras entidades que habitan en el plano astral, pero no entramos en ello por no ser la materia de este libro—. Dicho esto, cabe recalcar que las personas que gocen de un mínimo equilibrio no pueden ser poseídas. Solamente pueden ser objeto de posesión individuos que estén teniendo una experiencia vital caracterizada por un gran desequilibrio, por un gran desconcierto, que hayan perdido el dominio de sí mismos.

Entre las personas más vulnerables están las que pierden las ganas de vivir, de modo que dejan espacio en sí mismas para que sea ocupado por otras energías, y las que son víctimas de adicciones a sustancias. Las experiencias de adicción y de profundo desánimo, que en definitiva se deben a estados de inconsciencia, hacen que el individuo sea más «débil» desde el punto de vista energético y pueda ser «ocupado» con mayor facilidad. En ocasiones, las visiones y percepciones extrañas que tienen las personas adictas al alcohol o a las drogas se deben al contacto que han establecido con ellas seres procedentes del tránsito.

Perséfone nos aporta un caso de posesión significativo.

* * *

Cuando uno no quiere vivir en sí mismo.
El caso de Sofía.

Una amiga me llamó para que hiciese algo por una chica que se había suicidado, Sofía.

A Sofía no le gustaba su vida, no quería vivir en sí misma. Cuando ocurre esto, la persona empieza a dejar «espacio» en su campo bioenergético, el cual pasa a ser ocupado por determinadas entidades que acuden a «alimentarse» de la energía de la persona. Si se sigue cediendo espacio, se llega a un punto de no retorno. Y esto fue lo que le sucedió precisamente a Sofía, que llegó un momento en que se dio cuenta de que no podía tener el control de su propio cuerpo.

Cuando conecté con ella para rezar por su alma y ayudarla en el tránsito, se me permitió ver lo que había sucedido. Vi que Sofía caminaba al lado de su cuerpo biológico, al que solo la ataba un hilo. El cuerpo estaba, pues, ocupado por otra entidad que era la que efectuaba los movimientos. Esa entidad condujo al cuerpo hasta el borde de un puente y se tiró al vacío; incluso llegó a lanzar una carcajada en el momento de hacerlo.

Al llegar abajo, Sofía advirtió que no estaba dentro de su cuerpo. Y se dio cuenta de que, de hecho, no había decidido tirarse, sino que había sido la entidad a la que había dejado entrar.

A continuación vi unos seres de luz muy grandes que le dieron la opción de recuperar su cuerpo y seguir viviendo, u optar por el fallecimiento. Ella preguntó cómo iba a quedar su cuerpo biológico y le dijeron que no iba a recuperar la movilidad. Entonces, decidió irse.

Tras visualizar todo esto, Sofía se dirigió a mí y me pidió que le dijese a su madre que todo estaba bien y que no se preocupara. Le dije que ella misma podía decírselo cuando su madre estuviese soñando. Así lo hizo, y pocos días después me llamó mi amiga para darme las gracias por el acompañamiento que había realizado a Sofía, pues las cosas habían cambiado en el ámbito familiar.

* * *

Para acabar este apartado con un mejor sabor de boca, mencionaré el hecho de que en ocasiones la comunicación se produce con seres que habitan en el alto astral. Cabe mencionar especialmente el caso de los nirmanakayas, seres humanos perfectos que han abandonado su cuerpo físico y que, renunciando al estado nirvánico por compasión hacia la humanidad, retienen sus demás principios inferiores. Permanecen en espíritu en el plano astral de la esfera terrestre, invisibles, para ayudar al progreso de la especie humana. Para entrar en comunicación con estos seres se requiere que el encarnado sea de una naturaleza muy pura y elevada. Los nirmanakayas, por su parte, pueden comunicarse y se comunican con unos cuantos escogidos, pero no con los médiums ordinarios.

Del tránsito a la luz en el vuelo de la mariposa

Las prácticas de José Luis de la Rica del vuelo de la mariposa las veremos profusamente en el próximo capítulo, porque atañen sobre todo al contacto con seres fallecidos que se hallan en el plano de luz.

El vuelo, dirigido por José Luis, lo efectúa una persona viva que tiene alguna inquietud respecto a un ser querido fallecido. Sin embargo, puede ser que en el intento de establecer este contacto se revele que el ser fallecido está aún en el tránsito o bien se entra en contacto con alguna otra alma que está en el tránsito necesitada de ayuda. Entonces, la prioridad es liberar a esa alma para que pueda seguir su camino.

Cerramos este capítulo dedicado al tránsito con la descripción, por parte de José Luis de la Rica, del rescate que brinda a los seres desencarnados mencionados, que culmina con el acceso de estos al plano de luz:

> *A veces, durante alguno de los vuelos, se nos presenta la oportunidad de aclarar su nueva situación a personas que aún no se creen que hayan abandonado su vida terrenal.*
>
> *Las cosas se desarrollan más o menos como voy a contar. Este es un ejemplo de lo que sería una «experiencia tipo».*
>
> *La persona que hace el vuelo tiene ya proyectada su consciencia en el plano espiritual. En un momento dado, siguiendo el curso de la experiencia, aparece en su mente una persona desconocida* [un ser desencarnado que está en el tránsito], *normalmente en estado de ansiedad. Le digo que se acerque a ella y que le pida permiso para abrazarla.*
>
> *Llamo PD a la persona desconocida; Y, soy yo.*

PD.—¿Qué sitio es este? ¿Quién eres tú? ¡Me duele el pecho!

Le digo a la persona que está haciendo el vuelo que le pregunte si me oye. Entonces ella observa que está buscando mi voz, hasta que me localiza. A partir de ese momento, aunque sigo sin ver ni oír nada, soy yo el que toma la palabra. Las respuestas, por lo tanto, me llegan a través de la persona que está estableciendo el contacto.

Y.—¿Qué te pasa?

PD.—No sé, estoy aquí, pero no sé dónde. ¡Me duele el pecho y la cabeza!

Y.—¿Has tenido algún accidente?

PD.—¡Sí!, pero no me pasó nada.

Y.—Sí que te pasó algo; ¡te has matado!

PD.—¿Qué dices? ¿Cómo me voy a haber matado?

Y.—Sí. Te ves vivo, pero es que cuando «morimos» seguimos vivos.

PD.—¡Venga ya! ¡Qué estás diciendo!

Y.—Es verdad. En realidad no tiene por qué dolerte el cuerpo, porque ese que ves no es físico. No es el cuerpo que conoces, aunque no percibas la diferencia.

PD.—¿Que no me duele? ¡Lo vas a saber tú mejor que yo!

Y.—Ese dolor lo provoca tu mente.

PD.—¿Me quieres volver loco o qué?

Y.—Al contrario, lo que quiero es ayudarte. ¡Oye!, ¿tienes algún ser querido muerto?

PD.—Sí, mi padre.

Y.—Y ¿has soñado con él últimamente?

PD.—Pues sí. ¿Tú cómo lo sabes?

Y.—Lo sé porque sé que no fue un sueño, sino que en realidad estuvisteis juntos.

PD.—¡¿Cómo vamos a estar juntos si él está muerto?!

Y.—Tú también.

PD.—¡Venga ya! Cómo voy a estar muerto si estoy vivo…

Y.—¿Te has dado cuenta de que la gente no te ve?

PD.—Sí, es muy extraño. Tampoco me oyen. Creo que estoy en una pesadilla… Sin embargo, puedo comunicarme contigo; ¡no entiendo nada! El caso es que me duele mucho la cabeza, y por más que quiero no puedo despertarme. ¡Qué mal me encuentro!

Y.—Podemos comunicarnos porque me han permitido ponerme en contacto contigo para ayudarte.

PD.—¿Para ayudarme? Entonces ayúdame a despertar; este sueño me angustia.

Y.—¿Tú crees en Jesús?

PD.—Bueno..., cuando iba al colegio me hablaron de él, pero yo no sé qué creer. ¡Tantas mentiras se oyen...!

Y.—Pues en este caso, no hay mentira; Jesús es real. Jesús ha vivido en la tierra y, lo mismo que tú y todo lo que tiene Vida, no muere. La Vida es eterna y, desde esa eternidad, Jesús te espera para abrazarte y mostrarte una vida maravillosa junto a tu padre y a todas las personas con las que hayas tenido una relación de cariño y amistad. Esas personas que tú crees muertas, pero que, sin embargo, siguen tan vivas como nosotros, te están esperando para darte un abrazo de bienvenida.

PD.—¡No me lo creo! ¡No puede ser! Suena muy bonito para ser verdad.

Y.—Que sí, que sí; confía en mí. Mira, si quieres puedes leer mi mente; verás que estoy siendo totalmente sincero y que solo deseo ayudarte. Es más, puedes ir a ese lugar que te digo, y si después no te gusta, vuelves donde estás. Nadie te lo va a impedir, de la misma manera que nadie te puede obligar a que hagas lo que te estoy pidiendo. ¡Eres absolutamente libre! Y necesariamente tienes que quererlo y pedirlo tú.

PD.—¿Y dices que voy a estar con Jesús?

Y.—Sí.

PD.—Pero yo no creo en él. Además, siempre he vivido a mi aire y no soy ningún santo... Supongo que si es verdad lo que dices estará mosqueado conmigo... ¿Y si me castiga?

Y.—No. No te va a castigar. Te va a tratar con mucho amor. Pero eres tú el que ha de desear acercarse a él.

PD.—¿En serio? ¿Y cómo lo hago?

Y.—Como quieras; se trata de desearlo y pedírselo. Dirige tu pensamiento hacia él y hazle saber que deseas que te acoja. Él te está esperando. Puedes rezar confiando en que te escucha, eso también funciona; si quieres rezamos juntos un padrenuestro. Pero, vamos, con que pidas ayuda de corazón es suficiente. Mira, voy a llamar a un amigo mío que lleva mucho tiempo en el más allá. Verás qué majo es y cómo te va a ayudar a llegar hasta donde te están esperando tu familia, tus amigos y muchas más personas. Te recibirán con los brazos abiertos y ellos mismos te ayudarán a comprender cómo vas a vivir de ahora en adelante. No tengas miedo, ¡confía en mi palabra!

Entonces llamo a Carlos. Este muchacho se fue unos días antes que mi hija. Su madre también se comunica con él. Una de las tareas que lleva a cabo en su nueva vida es ayudar a descubrir la luz a esas personas que ignoran que han fallecido.

Y.—¡Carlos, échanos una mano! Aquí tenemos a una persona para que la guíes a la luz.

Aparece Carlos. Siempre se presenta sonriente y rebosante de cariño. Como la persona que está haciendo el vuelo ni siquiera sabe quién es Carlos, ni tampoco ha visto ninguna foto de él, le pido que se fije bien en sus rasgos y me lo describa. Le digo que, al terminar el vuelo, voy a mostrarle una fotografía suya. Ni que decir tiene que, al ver la foto, quien acaba de hacer el vuelo le reconoce; esto ha sido siempre así.

Finalmente, Carlos abraza a la persona desconocida y se marchan juntos hacia la luz. Y nosotros continuamos con nuestra experiencia de vuelo, con la satisfacción de habérsenos permitido echar una mano a alguien que estaba sufriendo las consecuencias de su ignorancia y de su escepticismo.

El plano de luz o Devachán

6
El primer nivel del Devachán

¿Podemos realmente tener información del plano de luz?

Ante todo, cabe empezar por formular un cuestionamiento muy importante: ¿es posible tener información del plano de luz, cielo o Devachán? Al fin y al cabo, el plano del tránsito está más próximo al terrestre, lo cual facilita ciertas formas de contacto, y contamos con los testimonios de un sinfín de personas que han tenido experiencias cercanas a la muerte. Sin embargo, el «túnel» que da acceso al plano de luz parece constituir una barrera infranqueable. Quienes completan el paso por él ya no regresan.

En última instancia, el Devachán es un estado de consciencia; y puede entrar en él, en cualquier momento y fugazmente, cualquier individuo que haya aprendido a separar su alma de los sentidos.

Como afirmó el filósofo y teósofo Geoffrey Hodson en su «Investigación clarividente y la vida después de la muerte» —conferencia que dictó en Cardiff en 1935—, el ser humano puede conocer por sí mismo las realidades de la vida que se encuentran más allá del sepulcro. Esto es así porque en él reside una facultad por medio de la cual puede rasgar el velo que oculta el mundo invisible a su mirada. Consiste en una especie de sexto sentido latente en la mayoría, despierto en pocos, que será utilizado de una manera completamente normal y natural por las razas del porvenir. Cuando se desarrolla y se usa, esta facultad capacita a su poseedor para explorar de primera mano y con una consciencia despierta los mundos de la vida después de la muerte, reunirse con sus moradores cara a cara y estudiar con precisión científica las condiciones bajo las cuales viven. Desde luego, esta facultad no tiene nada que ver con el psiquismo negativo del médium que está en trance, sino que se trata de un poder positivo y adiestrado bajo el dominio de la voluntad.

No conozco a personas que tengan estas capacidades actualmente, de modo que para la elaboración de esta parte del libro me he basado sobre todo en aportaciones del mismo Geoffrey Hodson y de otros dos baluartes de la teosofía: Annie Besant y Curuppumullage Jinarajadasa. Dicho esto, nuestros colaboradores Perséfone, Lourdes Tornos y José Luis de la Rica han realizado sus correspondientes aportaciones a partir de determinadas tomas de contacto con ese plano. Concretamente Perséfone, en su calidad de barquera, ha acompañado a algunos Conductores hasta el mismísimo cielo.

* * *

La llegada al cielo.
El caso del abuelo de Perséfone.

El primer caso que viví de contacto con el alma de un ser fallecido fue el de mi propio abuelo. Yo tenía veintitrés años y estaba a su lado en el momento de su muerte. Feneció en casa, en la cama. También fue la primera vez que vi morir a alguien.

Estaban en la casa sus hijas —mis tías— y su mujer —mi abuela—. Cuando vieron que empezaba a fallarle la respiración me dieron un texto para rezar: el salmo «El Señor es mi pastor; nada me falta». Estaba en plena lectura cuando mi abuelo salió del cuerpo. Entonces fui testigo de cómo se abrió un espacio de realidad diferente. Por un lado, estaba la habitación física y, por otro, como proyectado en una pantalla, un campo en el que había ovejas y en el que lucía el sol, un sol que incluso calentaba. Era algo así como una realidad virtual proyectada sobre la habitación. Mi abuelo me dijo:

—Vente conmigo.

Noté que salí del cuerpo, y me fui con él. Mi abuelo se reía. Fuimos por un camino, hasta que nos encontramos con una especie de línea más allá de la cual se encontraban la madre de mi abuelo y un tío suyo, que habían venido a recogerlo. Le pregunté qué era ese espacio y me dijo que era su cielo. Me comentó que cada uno tiene el suyo, y que yo no podía ir más allá de la línea. También me dijo que, así como yo podía ver su cielo, podía ver el de más gente, y que iba a ir aprendiendo a hacerlo poco a poco; que debía aprender a recorrer ese tramo del camino que había hecho con él, y repetirlo con más personas. Pasó más allá de la línea y se encontró con esos familiares. La sensación de paz y de ausencia de tiempo fue absoluta. Yo tenía un gran deseo de irme con él; pero de pronto se giró y, con un gesto de autoridad, me dijo:

—¡Quieta! No pases, no es tu momento.

Mientras tanto, una de mis tías fue a llamar al médico; mi abuela abrazaba a mi abuelo, y las otras personas presentes en el dormitorio creían que yo seguía leyendo el salmo. En realidad me detenía cuando entraba en esa realidad paralela, y toda mi expresión cambiaba. Los demás pensaban que estaba en shock porque ese era el primer muerto que veía, y me llamaban la atención:

—Estás dejando de leer. Sigue leyendo. —Entonces conectaba con la realidad física y proseguía con la lectura, pero al poco me volvía a ir.

Aunque no entendía nada, sentí amor, plenitud y una sensación de trabajo realizado. Luego comprendí que esas eran las sensaciones que tenía mi abuelo, y que yo me contagiaba de ellas.

Ha habido casos de personas que han tenido experiencias cercanas a la muerte que han contado que cada uno tiene su propio cielo. Parece ser que hay unos elementos comunes en los distintos cielos, y otros que varían en función de las creencias y las expectativas de cada cual. Sea como fuese, siempre hay un recorrido que hacer desde el momento de la muerte hasta el otro plano y, según yo misma comprobé, se puede acompañar al difunto parte de ese trayecto.

Yo lo hice por primera vez con mi abuelo y, a partir de ahí, he podido hacerlo en muchos más casos. Cabe mencionar que ninguno de los *caminos por los que he transitado acompañando a un ser fallecido ha sido igual a otro.*

* * *

La satisfacción de los anhelos vitales

El plano de luz, cielo o Devachán consta de varios niveles, y el primero de ellos contiene ciertas analogías con el plano físico, pero sin los componentes egoicos y de sufrimiento característicos de este. Es un plano en el que el alma puede ver satisfechos anhelos que no vio realizados en la existencia física, con lo cual obtiene la plenitud que necesita para continuar hacia planos más elevados.

Conviene distinguir los anhelos del alma, o anhelos vitales, de los meros deseos. Los primeros se experimentaron intensamente durante la encarnación física, y permanecen, tras el fallecimiento del coche, como grandes carencias si el Conductor no pudo vivir las experiencias que los satisficieron. No pertenecen, pues, al ámbito de *kämas,* sino al de *manas*; están muy asociados con lo que le corresponde vivir al Conductor dentro de su camino evolutivo y, por lo tanto, no pueden quedar sin resolver.

El hecho de que los anhelos de las almas difieran grandemente es lo que da lugar a contextos distintos para cada una, de la misma manera que, aquí en la tierra, los escenarios en los que se mueven las personas y los tipos de experiencias que tienen pueden ser radicalmente distintos, aunque el planeta en el que tiene lugar todo ello es siempre el mismo. En este sentido está justificado decir que «cada uno tiene su cielo», como acabamos de ver en el caso del abuelo de Perséfone.

Ejemplos de anhelos insatisfechos pueden ser vivir en paz si se ha vivido siempre en un contexto de guerra, o vivir el amor romántico en compañía del ser amado si no se ha tenido la oportunidad, o dar cumplimiento a una inquietud artística... Puede encontrarse la plenitud en relación con este tipo de anhelos en el primer nivel del Devachán.

¿Cómo es ese plano y cómo se vive en él?

En el plano de luz ya no existen las limitaciones derivadas de la personalidad y se disfruta de un contexto donde querer es creer y pensar es ver, más allá de las ideas de tiempo y espacio propias de la esfera material. La sensibilidad exquisita de la materia propia de este plano a todo cambio de pensamiento y de sentimiento es una de sus señas de identidad más notables.

La dicha y los goces que se experimentan en este nivel del Devachán son más reales que los que se viven en el plano terrestre. Algunos llaman «sueño» a la vida devachánica, pero esto solo es admisible como una forma de expresar que esa vida no pertenece a este plano material, dado que no se desenvuelve en un mundo físico.

Por lo que respecta al mortal ordinario, su dicha en el Devachán es completa. Vive en el olvido absoluto de todo lo que le causaba dolor o pena en la encarnación pasada, y hasta en el olvido de que existan el pesar o el sufrimiento. El Conductor vive este ciclo intermedio entre dos encarnaciones rodeado de todo aquello a lo que había aspirado en vano, en compañía de todo lo que amaba en la tierra. Allí obtiene la realización de todos los deseos del alma, como hemos dicho, y vive en un estado de felicidad ininterrumpida, que es su recompensa por los sufrimientos que experimentó en la vida terrestre.

Mientras el Conductor se halla en el Devachán puede adquirir, en cierto modo, más conocimiento; esto es, puede desarrollar cualquier facultad que haya amado y deseado durante la vida terrestre siempre que se relacione con asuntos abstractos y con ideales, tales como la música, la pintura, la poesía, etc.

La investigación clarividente revela que los recién llegados tienden a continuar, en la nueva vida, con aquellas ocupaciones que más atractivo tuvieron para ellos en la tierra, en versión más sutil. El reformador, el servidor, el sanador, el médico…, todos encuentran un mundo nuevo en el que prestar su servicio. Por ejemplo, el investigador científico, cuyo ideal en la tierra era ir en pos de la verdad, se encuentra con que puede seguir buscándola en ese espacio. Observa, además, que sus investigaciones son mucho más fructíferas allí que aquí porque ha dejado el mundo de la materia más densa. En cuanto al artista, para quien la belleza es la meta, encuentra que en aquel mundo puede acercarse más a la consumación de su búsqueda de lo que pudo lograr en el plano físico; y puesto que en ese mundo los Conductores y los grupos se atraen entre sí por similitud de temperamento más que por relaciones familiares o afinidades raciales, probablemente se incluirá dentro de uno de los muchos grupos de trabajadores dedicados a buscar la belleza y a descubrir su Yo Superior a través de ella.

En síntesis: en el primer nivel del Devachán se consuman las aspiraciones que se habían tenido en la vida terrestre. Pero ello no tiene lugar como la prolongación indefinida de los «instantes únicos» que, cuando vivimos en la tierra, nos parecieron mágicos y sagrados, sino que tienen lugar infinitos desarrollos de esos instantes, en forma de innumerables incidentes y sucesos. Los sueños que tuvimos en la tierra se convierten en las realidades que vivimos en el primer nivel del Devachán.

Por otro lado, la comida, obviamente, deja de tener significado allí, porque todo el alimento que necesitan los cuerpos sutiles lo absorben automáticamente de la atmósfera. El aire, allí como aquí, está cargado con la fuerza vital divina que emana del sol, y en aquel mundo contiene todo lo que necesita el cuerpo para sustentarse. El proceso completo de la absorción y asimilación de esa fuerza vital tiene lugar de forma tan inconsciente como el proceso de la respiración en el plano físico.

Para dotarse de ropas, basta con pensarlo. Puesto que la materia del otro mundo responde al pensamiento, pensar que se está vestido es estarlo. La prenda más generalizada parece ser una especie de vestido suelto, cuyos colores y adornos pueden cambiarse instantáneamente a voluntad. Y los Conductores se mueven impelidos por el pensamiento: pensar que se está en un lugar es desplazarse allí rápida o pausadamente, a voluntad. Cuando el desplazamiento es pausado, tiene lugar por medio de un delicioso movimiento de suspensión; es como si se volara.

En cuanto a la vivienda, se crea también con el pensamiento. Allí, como aquí, la gente se agrupa en casas y ciudades. La vida privada se necesita en el Devachán igual que en la tierra, pero no es preciso defenderse del clima, pues nuestras adversas condiciones atmosféricas no se reproducen allí.

Así pues, la vida en ese mundo es tan variada y fascinante como en el plano terrestre; en realidad mucho más, porque allí no solo existe una variedad casi interminable de actividades entre las que elegir, sino que cualquiera de ellas puede practicarse más completamente y por un período más largo que en el plano físico. Los Conductores buscan más luz y alegría, y ser más útiles por medio de dichas actividades, siguiendo los caminos del conocimiento, el amor y la belleza.

En el primer nivel del Devachán los cambios de ocupación son tan o más continuados que en el plano terrestre; en todos los casos se trata de ocupaciones que se viven como una forma de expresión espiritual y, por lo tanto, son siempre agradables y llenan la vida de arrobamiento.

En ese mundo hay servicios para los recién llegados y para aquellos que lo necesitan. También hay centros religiosos, donde el culto evoca un fervor y una respuesta de tal profundidad que rara vez se experimentan aquí abajo, e infunden una creencia religiosa basada mucho más en la experiencia vivida que en la fe ciega.

¿Y en el caso de los niños? Si pudiésemos ver lo feliz que es el niño allí donde ha ido, el dolor de los padres quedaría mitigado. En ese plano, la vida del niño es deliciosa, alegre, llena de gozo. Los niños los cuidan quienes se dedican a este servicio —ayudados a menudo por miembros de las huestes angélicas—, tan tiernamente como podrían hacerlo los padres más sabios y bondadosos. Hay centros infantiles y existe una combinación de hogar, escuela y colegio en hermosos parajes donde se guía, se educa y se ama los niños. Los familiares y amigos de los niños que han dejado la envoltura física acuden a ellos durante el sueño; los niños no han perdido, por lo tanto, la compañía de aquellos a los que aman, y conocen poco el dolor o la pérdida.

Ser querido que estás en el cielo

De lo dicho al final del anterior apartado se desprende que, aun cuando nuestros pequeños que se han ido no vuelvan a nuestros brazos, no los hemos perdido; están con nosotros, como lo están los demás fallecidos queridos, aquí y ahora. Todos ellos están a nuestro alrededor, pero se encuentran fuera de nuestra percepción temporalmente. Si los amamos de verdad, nuestro yo inmortal es uno con ellos para la eternidad, y cuando dormimos tenemos su compañía. Cuando nos llegue la hora de entrar en los mundos superiores, los encontraremos, y al reunirnos nos daremos cuenta de la indefectible unidad existente entre todos los que realmente aman.

El ser humano que vive en la tierra, cegado por la materia, se siente separado de aquellos que han pasado más allá; pero el Conductor, dice Helena P. Blavatsky, tiene la completa convicción «de que no existe la muerte ni nada que se le parezca», pues ha dejado tras sí todos los vehículos sobre los que la muerte tiene poder. Por lo tanto, sus ojos menos ciegos perciben siempre a su lado a los seres a quienes ama; para él se ha corrido el velo de la materia separadora.

En la segunda parte veíamos el caso de una madre que se resistía a ir más allá del tránsito porque no quería «dejar solos» a sus hijos pequeños, hasta que pudieron convencerla de que lo mejor que podía hacer era continuar hacia el plano de luz. Cuando el Conductor abandona los rasgos de la personalidad asociados a los componentes perecederos y permanece con la Individualidad en el Devachán, pasa a encontrarse imbuido por los sentimientos más nobles que experimentó en su última encarnación: amor por los hijos, compasión por los que sufren, etc. Ahora bien, se encontrará totalmente separado del «valle de lágrimas» y, en su dicha, permanecerá ignorante de las desgracias que dejó tras de sí. La consciencia espiritual post mórtem de la madre que nos ha servido de ejemplo le hará ver que vive rodeada de sus hijos y de todos aquellos a quienes amó; no experimentará ningún vacío ni le faltará ningún lazo de amor que pudiese impedirle gozar de la felicidad más absoluta y perfecta.

7
El contacto con el Devachán

¿Quién contacta con quién?

Como hemos dicho, las almas de los seres que amamos siguen conectadas con nosotros, pero sin experimentar los apegos ni los sufrimientos tan característicos de la tercera dimensión. Es importante comprender que el vínculo nunca se rompe. Nunca se queda uno huérfano de nadie. Nunca pierdes a tu madre, o a tu padre, o a tu amigo, o a tu abuelo, ni siquiera a tu mascota. El vínculo siempre está; lo único que cambia es la forma en que se manifiesta. Los seres queridos que se encuentran en el plano de luz están libres de dolor; sin embargo, ¿qué ocurre con nosotros? Seguimos contando con nuestra personalidad y viviendo las limitaciones propias del plano físico… Pero podemos hacer mucho por procesar los elementos de aflicción, nostalgia y apego, lo cual nos acercará más a los seres queridos fallecidos y, de paso, impulsará en gran medida nuestro proceso de evolución consciencial.

Como dice Lourdes Tornos, «cuando las memorias antiguas se transmutan, la forma de comunicación deja de ser dolorosa y pasa a ser bella; entonces, todo el pasado se convierte en el inicio de algo precioso. Los ancestros siguen viviendo a través de nuestros procesos evolutivos en la red unitaria que conformamos entre todos».

En cuanto a Perséfone, como veíamos, fue informada de que no solo los seres fallecidos necesitan ayuda, sino que también la precisan las personas «vivas», de modo que se especializó en el acompañamiento en el duelo. Y José Luis de la Rica está fomentando la evolución consciencial a partir del contacto con los seres fallecidos que se encuentran en el plano de luz por medio de las experiencias del vuelo de la mariposa.

Ahora bien, el contacto con los seres fallecidos que se encuentran en el plano de luz no es tan «fácil» como el contacto con los Conductores que se hallan en el tránsito. En el caso de estos últimos, sus propios apegos, sus deseos de interaccionar con el plano físico y su capacidad de comunicarse en sueños, más las propias características del plano del tránsito, crean unas condiciones más favorables al contacto inmediato… pero también, como veíamos, menos deseables. Al Conductor que está en el tránsito no le sirve de nada demorarse y no conviene que nosotros alentemos su estancamiento con nuestro dolor y nuestros apegos. Por ello, más que pretender «contactar con él», lo mejor que podemos hacer es enviarle nuestros mejores deseos.

En el caso del Conductor que ha llegado al plano de luz no necesita ayuda alguna por nuestra parte. Quienes la necesitamos podemos ser nosotros si seguimos anclados en el dolor. Con este fin, ¿se puede establecer contacto con los seres queridos cuando ya han entrado en el Devachán? ¿Podemos obtener el consuelo de saber que están llevando una existencia dichosa?

En primer lugar cabe plantearse lo siguiente: cuando se produce la conexión con almas desencarnadas que se encuentran ya en el plano de luz, ¿quién contacta con quién? ¿Nosotros con ellas, u ocurre a la inversa? Los casos y experiencias que se recogen en este texto arrojan luz al respecto. Pero para la mejor comprensión de los mismos debe tenerse muy en cuenta lo que se recoge en las denominadas *Cartas de los Mahatmas,* en las que se señala textualmente que muchos creen que sus seres queridos bajan a la tierra y se dirigen a ellos; pero en realidad es su propio espíritu el que se eleva hacia los seres queridos que están en el

Devachán. Por lo tanto, la comunicación es posible bajo determinadas circunstancias; por ejemplo, cuando el individuo encarnado es alguien puro y cariñoso y tiene capacidades sensitivas —es decir, no es un médium a sueldo—. Es el lazo de amor entre el encarnado y el desencarnado el que hace que el contacto y la comunicación sean posibles. Así pues, la consciencia del encarnado ha de elevarse hasta contactar con el ser al que amó durante su vida, que se encuentra en su estado de bienaventuranza en el Devachán —esto no tiene nada que ver con el contacto fenoménico psíquico inferior con el cascarón de la entidad fallecida, que cualquier médium podría evocar en una sesión espiritista—.

De un modo u otro se requiere de un encuentro interior, de un silencio consigo mismo, que permita a la persona entrar en un estado vibratorio compatible con el Devachán. José Luis de la Rica dispone un contexto especial de toma de consciencia, relajación y respeto que es el que hace posible que la persona interesada entre en contacto con un ser querido que se encuentre en el plano de luz. A partir de que el contacto se ha producido, la experiencia es de tal calado que la persona deja de experimentar el sentimiento de pérdida; sabe que el velo que separa ambos mundos es en realidad ficticio y que está siempre acompañada por sus seres queridos. Esta certeza es, por ejemplo, la que le permite a José Luis de la Rica llevar una vida llena de propósito a pesar de haber perdido a su hija y a su hijo, e incluso manifestar un sentido del humor entrañable. Perséfone, por su parte, percibe la presencia de su abuela como olor a jazmín —véase «El caso de Marta», más adelante—, y yo mismo experimento la cálida presencia de mis fallecidos padres en ocasiones.

En muchos sentidos, el ser fallecido está más próximo a nosotros de lo que estaba «en vida». Al fin y al cabo, antes teníamos que encontrarnos con él en cuerpo presente para que la cercanía se evidenciase, y ahora esto ya no es posible… ni necesario. En el día a día, si estamos suficientemente sensibilizados, basta con la intención de experimentar el acompañamiento para vivenciarlo; esto tiene lugar de forma inmediata: se manifiesta como un recuerdo que nos surge en respuesta de otro, o como un zumbido en los oídos que nos indica que el ser querido quiere comunicarnos algo, o como un estremecimiento íntimo...

Veamos otras posibilidades de comunicación, además del contacto y el acompañamiento mencionados.

Es posible una fugaz manifestación de agradecimiento por parte del Conductor que acaba de entrar en el Devachán. Veíamos en el capítulo cinco que Perséfone se ha encontrado con este fenómeno, que le permite tener la certeza de que ese Conductor ha logrado pasar al plano de luz gracias a su intervención como barquera.

Está también el caso de los Conductores que parecen venir «en misión especial». En realidad, se trata de una variante del fenómeno por el que entramos en contacto con ellos a partir de nuestra actitud de relajación y respeto. Como veremos en el caso de Marta, es cuando la persona alcanza un grado de comprensión y aceptación cuando puede manifestarse el ser querido, por un momento, y «rematar la faena» ofreciendo el consuelo de su presencia.

También en un contexto terapéutico, nos indica Lourdes Tornos que el ser fallecido puede presentarse con el objetivo de finalizar karmas a través de la resolución de situaciones no aclaradas o pendientes que aún están activas en las memorias o los códigos de los familiares encarnados. Y en una variante más de este fenómeno, en este caso emocionalmente aséptico, Perséfone ha recibido comunicaciones puntuales cuando era necesario que tuviese una determinada información relacionada con su peculiar labor.

Procedamos ahora a ver diversos casos ilustrativos de lo que se ha expuesto.

Casos de Perséfone y Lourdes Tornos

Empezamos con un caso de Perséfone representativo del ser fallecido que se presenta para transmitir una información.

¿Recuerdas a Jorge, del capítulo cuatro? Lo dejamos muy enfadado porque falleció tras accidentarse con un automóvil en mal estado, hasta que dejó de presentarse.

* * *

Con un mensaje.
El regreso de Jorge.

En 2016, casi diez años después de su fallecimiento, se manifestó ante mí, en lo que me gusta llamar un estado de gloria: estaba pletórico y llenó de amor el espacio donde me encontraba con su sola presencia, lo cual percibí incluso físicamente. Dijo que había venido para decirme algo muy importante: que era verdad que yo era barquera. Hacía poco que me lo habían dicho y llevaba unos días dándole vueltas. Antes de aceptar sin más su mensaje, le pregunté si era él o si era una entidad que estaba ocupando el recuerdo que yo tenía de Jorge. Entonces se rio, con su risa característica, y me dijo:

—¡Claro que soy yo!

—¿Por qué a ti te veo y te oigo y, en cambio, no veo ni oigo a los demás que se han ido definitivamente a otro plano? ¿Por qué desaparecéis y, sin embargo, tú apareces ahora de nuevo? —le pregunté.

—Porque el mensaje es muy importante para tu vida en estos momentos.

Me dijo que había venido porque yo estaba dudando, y mientras dudaba, no hacía mi trabajo.

Gracias a esta comunicación aprendí que las almas que se han elevado a otro plano de consciencia tienen permiso para venir si deben confirmar algo importante para la vida de la persona, pero solo en ese caso.

Mi experiencia no es que los seres fallecidos vayan a acudir invocados por la güija, por ejemplo, u otros rituales. De hecho, en el caso de estas invocaciones no acude el alma desencarnada, sino otras entidades que utilizan la huella energética del ser fallecido para manifestarse.

Una clara manifestación de que es el ser fallecido el que vuelve es que siempre lo hace para traernos un estado de paz y esperanza. Además, los seres fallecidos que vienen desde el plano de luz utilizan siempre «guiños» propios —es decir, se los identifica por alguna característica concreta que manifiestan, cada uno la suya— y, cuando se marchan, el bienestar que han inducido perdura.

Si no es el caso, probablemente sea otro tipo de entidad el que se ha presentado.

* * *

A continuación, otro caso de Perséfone, esta vez relativo a la buena influencia ejercida por un ser querido fallecido en un contexto terapéutico.

* * *

Un abrazo desde el más allá.
El caso de Marta.

A los pocos meses de haber comenzado a estudiar el duelo, atendí un caso práctico en clase, el de Marta, cuyo padre había muerto.

Ella habló del dolor que sentía por el hecho de que su padre hubiese fallecido solo, sin estar Marta presente para acompañarlo. La muerte había tenido lugar algunos años atrás. Lo que ocurrió fue que mientras hablaba de sus sentimientos, las emociones que iba liberando crearon una especie de arco iris, a través del cual se manifestó su padre.

Habiendo pasado tanto tiempo del fallecimiento, era muy posible que esa presencia no fuese tal, sino una manifestación del recuerdo de Marta. El caso es que apareció en forma de holograma y tocó a mi compañera. Entonces, el arco iris se fundió y los campos bioenergéticos de ambos se unieron.

El «padre» se giró, me miró y me dijo:

—Soy yo.

Le expliqué que llevaba muerto más tiempo del que solían permanecer por aquí las almas; y me respondió que, cuando una persona allegada no puede resolver por sí sola temas con los que esté lidiando, pueden manifestarse, por cierto sentido de la responsabilidad.

Le pregunté si la sentía como su hija y me dijo que no, que él ya no era el padre que ella había conocido, pero que se le permitía venir a ayudarla, a darle un toque que tuviera un efecto sobre su estructura bioenergética. Le pregunté también si él podía ser su guía y me respondió que su guía era otra entidad de grado superior.

Entonces, se fundió con el campo electromagnético de Marta, con el fin de transmitirle una fuerza que le permitiese hacer un clic mental y emocional para superar su aflicción.

Vi cómo se producía la integración entre ambos campos y cómo él le transmitía luz. Marta se puso a llorar, y soltó la pena con su llanto. Cuando hubo acabado, el «padre» volvió a separarse. Ella comentó que había sentido como si su padre estuviera allí y la hubiese abrazado. Él sonrió y me dijo:

—Esto es lo que le sirve a la persona.

Y se fue.

Así pues, desde mi experiencia, está permitido que las almas que están en el plano de luz acudan a ofrecer ayudas puntuales para que los asistidos efectúen un cambio.

Si la persona no recibe un impacto sanador en el momento, lo que se ha manifestado no es el ser querido fallecido, sino alguna presencia ajena al plano de luz.

Esto también lo he vivido en terapia: cuando se ha creado un ambiente seguro, el campo bioenergético de la persona que tengo delante empieza a cambiar de colores; entonces se forma ese especie de arco iris y llega el ser querido, quien ayuda a la persona, con el resultado de que se produce un salto adelante en el proceso terapéutico. Es mágico presenciar esto.

En otras ocasiones he visto venir una presencia, pero si no se ha manifestado el arco iris sabía que no se trataba de la frecuencia energética del fallecido, sino de alguna entidad que acudía para alimentarse del dolor.

Y es que el dolor acaba por convertirse en amor cuando hay un proceso de entendimiento. La persona comprende que hizo lo posible por el ser querido, el cual, sencillamente, acabó falleciendo. Cuando, a pesar del dolor, tiene lugar la comprensión, la frecuencia de la persona cambia, aparecen colores en ella —el arco iris— y acude la energía del ser querido a ofrecer el apoyo mencionado. De otro modo, el fenómeno no tiene lugar. He intentado provocarlo en muchas ocasiones en la consulta pero no lo he logrado; porque no depende de mí, sino del estado de la persona que viene a terapia y de que se den los parámetros adecuados.

Y ¿cómo diferenciar a las entidades de los seres queridos fallecidos? Pondré un ejemplo: la bisabuela de mi hija se presenta siempre con olor a jazmín y viene a apoyarla, a darle un mimo; sé que es ella y no otra entidad por el olor específico que trae. Como ocurre con cada ser humano, cada ser fallecido es único, y utiliza un determinado código para manifestarse desde el más allá. Siempre emplea el mismo, porque de otro modo perderíamos la referencia y no sabríamos quién se está manifestando.

* * *

Seguimos con un caso de Lourdes Tornos, en que se presentan antepasados de la persona para sanar códigos.

* * *

Acuden ancestros a sanar memorias pendientes.
El caso de Raúl.

Raúl es un niño de doce años. Me explicó que desde hacía un mes tenía fuertes dolores de cabeza. No me contó que le hubiera pasado nada extraordinario en el último mes, pero sí que le preocupaba y apenaba el hecho de que sus padres se hubieran divorciado hacía un año. Aunque han quedado como amigos, e incluso celebren juntos eventos familiares, Raúl estaba triste.

Se acostó en la camilla para proceder con la sanación, y en ese momento ocurrió algo en el astral: empezaron a manifestarse sus ancestros. El primero que acudió fue su difunto abuelo paterno, quien aseguró que estaba ejerciendo de espíritu guardián de su nieto. A partir de ahí tuvieron lugar movimientos en la constelación familiar, hasta que se produjo una pequeña explosión de luz entre el alma del abuelo paterno y la abuela paterna.

¿Qué ocurrió? La experiencia que tuve fue que con la explosión de luz se recolocaron las energías del abuelo y la abuela. Ambos estaban en la luz, y lo que se recolocaron fueron memorias, códigos que quedaban pendientes y que se manifestaban como anclajes a una determinada forma de existir, la cual seguía presente a través de la constelación familiar, y en este caso de Raúl.

El hecho de que se hubieran equilibrado las memorias del abuelo y la abuela sanó las memorias dolorosas, y Raúl pudo pasar a vivir el divorcio de sus padres sin dolor. Pudo visualizar a sus padres y comprender que seguían siendo su padre y su madre, y también que seguían siendo una familia, aunque ellos ya no fuesen pareja. Cuando se levantó de la camilla, se encontraba mucho mejor.

* * *

Nos extendemos a continuación con el vuelo de la mariposa: el sentido de estas experiencias de contacto, su contexto y su repercusión —y, por supuesto, una buena muestra de casos prácticos—.

LAS EXPERIENCIAS DEL VUELO DE LA MARIPOSA

UN «VUELO» TRANSFORMADOR

Como sabemos, hay muertes que ocasionan un dolor tremendo en los que siguen aquí. El enfoque del vuelo de la mariposa tiene por finalidad restablecer el equilibrio a partir del contacto profundo, vivencial, con el ser fallecido.

José Luis de la Rica es consciente de que el enfoque psicológico habitual, conductista, no es apropiado para la gestión del duelo. Tal como ha manifestado a Francesc, colaborador en este libro:

> *En el enfoque conductista se pretende consolar a las personas con argumentos que no tienen ningún calado espiritual, del tipo «así es la vida» y «unos mueren para que otros puedan nacer»; a partir de aquí, se procura que las personas se distraigan, que de algún modo se «olviden» del ser querido. Sin embargo, esto no es posible cuando el vínculo es fuerte; por ejemplo, cuando una madre ha perdido a su hijo. En estos casos, el sufrimiento puede ser enterrado en el mejor de los casos, pero nunca erradicado.*

> [Por otra parte,] *hay personas que acuden a alguna forma de espiritismo en busca de consuelo. Quieren obtener algún tipo de constatación de que el ser fallecido sigue vivo con la ayuda de alguien dotado de capacidades mediúmnicas e incluso buscan que el ser que ha hecho el tránsito les dé algún tipo de mensaje. Este tipo de actividades, si bien pueden proporcionar cierto alivio, difícilmente van a resultar transformadoras.*

Y es que una cosa es que un médium diga que tu hijo sigue vivo y otra muy distinta es que puedas abrazarlo.

¿Es real o ficticio lo que se experimenta con el vuelo de la mariposa? ¿No será, todo ello, producto de la imaginación?... Para descartar el carácter imaginativo de la experiencia, José Luis de la Rica acostumbraba a hacer vuelos de la mariposa colectivos en los que los asistentes se ponían en contacto no solo con sus propios fallecidos, sino también con los de otros miembros del grupo, a quienes podían describir sin haberlos visto nunca.

Actualmente, De la Rica prescinde de esta práctica porque notó que favorecía una actitud de tipo espiritista. Según él, la práctica colectiva no es necesaria para adquirir el convencimiento de la realidad de la experiencia, ya que «el esfuerzo que la persona hace por creer forma parte de su proceso de crecimiento espiritual»: nos abrimos al crecimiento espiritual si no estábamos abiertos, o este adquiere un calado mucho mayor si ya estábamos en esta tesitura.

Según De la Rica, y estoy plenamente de acuerdo con él:

> *La certeza de la proximidad de ambos mundos nos proporciona una mayor paz interior, una amplitud de miras en relación con la vida y la muerte, una mayor consciencia del sentido de la vida, una mayor fortaleza interna ante las adversidades, una mayor comprensión hacia los demás. La persona se conoce mejor a sí misma y halla soluciones a sus asuntos vitales y existenciales.*
>
> *Todo ello empieza con el contacto que nos aporta la certeza de que nuestro ser querido sigue vivo y de que está bien. En ocasiones, lo que se hace evidente es que el ser querido no cree estar muerto; enton-*

ces puede señalársele el camino de la luz. Así pues, el vuelo de la mariposa constituye tanto una herramienta de transformación para los que siguen aquí como un instrumento de liberación para quienes están en el tránsito.

Respecto a esto último, recuerda que en el capítulo cinco se incluía un ejemplo ilustrativo de José Luis de la Rica de ayuda para los seres que están en el tránsito que no se han dado cuenta de que han fallecido.

Pero conozcamos un poco más el vuelo de la mariposa. Dejemos que sea el mismo José Luis de la Rica quien explique los fundamentos de la práctica.

> *El vuelo de la mariposa no es una técnica, sino una experiencia espiritual que nos faculta para hacernos conscientes de la relación que sigue activa entre nosotros y los seres queridos que se nos han adelantado en el paso hacia otra forma de vida. El amor y la apertura espiritual tranquila y confiada son los atributos que facilitan esta relación.*
>
> *Lo más importante de la experiencia es saber cómo empezar. En la más profunda intimidad, debemos hacer dos cosas: en primer lugar, tomar consciencia de lo que nos motiva a querer tener esta experiencia. En segundo lugar, descubrir los sentimientos que anidan en el corazón y entregarlos al espíritu de la luz, o al universo —a una fuerza espiritual superior, según la conciba cada uno—. La finalidad es que la misma fuerza de estos componentes emocionales produzca la armonía necesaria para que podamos hacernos conscientes del contacto que existe entre las dos dimensiones, que nunca se ha cortado; que puedan entrar en resonancia las vibraciones de las personas que están unidas por los lazos del amor.*
>
> *La introspección y la entrega que he mencionado son tan fundamentales que me llevan a considerar que el vuelo de la mariposa es una forma de oración desprovista de cualquier connotación religiosa.*
>
> *Una vez que hemos dejado en la vibración de la luz los sentimientos, comenzamos a relajarnos físicamente por medio de la respiración. De forma sincronizada con la relajación del cuerpo, doy instrucciones a la persona para que cree una realidad cuántica o metafísica: le indico que imagine, que visualice, que cree mentalmen-*

te unas manos tiernas y amorosas que, desde el confín del universo, proyectan hacia ella un haz de luz blanca y vibratoria.

Esta luz, compuesta por millones de partículas que revolotean, cae sobre la persona como una «ducha» de amor. De este modo su cuerpo queda «mojado» por la luz, la cual queda reverberando a su alrededor. Esta luz forma un halo luminoso que protege a la persona de la misma forma que el útero amoroso de una madre acoge a su hijo. Lo siguiente es visualizar que la luz penetra en el cuerpo, con lo que aporta a la persona cada vez mayor confianza y paz interior.

Cuando la persona está relajada, le cuento una historia en la que voy dejando caer arquetipos de amor para que estos se instalen en ella y tenga una experiencia enriquecedora. A continuación, ya puede dejarse llevar, con toda tranquilidad, por la película que se irá desplegando en su mente.

La persona está instalada en un estado alfa, de semisueño, en el cual es posible la comunicación con los seres que se hallan en el otro plano. Solo tiene que «contemplar» lo que se desarrolle en su mente —seguir el hilo de ese «ensueño»— e irlo contando, para que el facilitador la ayude a avanzar hasta el encuentro con el mundo de la luz.

Al abrir la mente a la conexión telepática, hemos aprendido a percibir la cercanía del ser querido y lo sentimos integrado en la vida cotidiana. En cualquier momento, en cualquier lugar, somos conscientes de su compañía, porque hemos aprendido a darnos cuenta de cómo es la relación ahora.

Sé que cualquiera puede guiar a otros en los vuelos de la mariposa. Solo debe poner AMOR *en ello,* CONFIAR *en que los seres de luz le apoyan y dejar que fluyan los sentimientos más solidarios y compasivos. A medida que vaya practicando, la inspiración brotará sola.*

Ahora bien, esta práctica no consiste en una «tabla de ejercicios», sino que se trata de un acto sagrado; es una forma de oración en la que orientamos al alma a recibir el influjo de la luz. El espíritu del vuelo de la mariposa es demasiado íntimo y profundo para que consideremos que estamos haciendo una tabla de ejercicios, y así debemos transmitirlo siempre que lo compartamos.

Existen vídeos en YouTube relacionados con el vuelo de la mariposa, especialmente uno subido por Fundación Espató en el que se puede seguir la relajación completa de boca de José Luis de la Rica y observar cómo procede con varios participantes. Se expone a continuación el testimonio de varias personas que han llevado a cabo el vuelo de la mariposa.

Experiencias de «vuelo»

La experiencia de Isabel.
Presentación: José Luis de la Rica.

Los siguientes relatos hacen referencia a lo que sucedió tras las experiencias de unos padres cuyo hijo, Ernesto, había fallecido de muerte súbita hacía cuatro años, a los cuarenta y cinco días de nacer.

Isabel, la madre, desde entonces, se sentía culpable por la muerte de su hijo. Según me comentó, antes del suceso era una mujer con fe, pero esta había caído en picado, y cuando me escribió por primera vez no dejaba nada bien parado a Dios.

Los vuelos tuvieron lugar en 2008. Dos meses antes que Isabel también había «volado» Ángel, su marido. En aquella ocasión, contrariamente a lo que habría deseado, no pudo conectar con su hijo, pero sí lo hizo con una niña desconocida para él, hija de una de las madres del foro.

Cuando terminó su experiencia comprobó —por medio de una foto— que era la niña a quien había abrazado. Se sentía muy contento, porque, aunque no había podido abrazar a su hijo, lo hizo a esa niña y había hecho feliz a una madre.

Después de la experiencia del padre, Isabel vivió su vuelo. Estaba embarazada y se encontró con el hijo ausente, que vino con la edad terrenal que tendría en esos momentos. No lo conocía, pero supo que era él al abrazarlo. Además, pudo tener en sus brazos al bebé que se estaba formando en su seno.

Tras esa experiencia, un par de meses más tarde, Ángel vivió una segunda. Ambos tuvieron en sus brazos al hijo que estaba por nacer. Cuando el niño llegó a este mundo, le reconocieron sin lugar a dudas. La experiencia del padre tuvo lugar dos días antes del nacimiento.

1.ª carta de Isabel.

Queridísima Charo:

Es muy emocionante para mí todo esto, sobre todo siendo yo una persona tan sensible, a quien me afecta tanto lo que me pasa o me digan o lo que les pueda pasar a los demás. Ha sido una experiencia maravillosa, que no tiene comparación. Por tantos años he buscado la paz, el perdón, la tranquilidad, tantas cosas... No te puedo asegurar que haya encontrado la paz de un día para otro, pero esta experiencia me ha ayudado mucho ¡quizá a ir por el camino correcto y empezar a dejar atrás cosas que no me hacían nada bien!

Charo, no tengo palabras; es indescriptible lo que sentí ayer.

2.ª carta de Isabel.

Sobre mi vuelo, para Laura, Cristina y todos en general.

Les quería comentar que ayer sábado, con la ayuda de José Luis, Encarnita y Flora pude realizar mi primer —y espero que no último— vuelo. ¿Qué les puedo decir?, tengo muchas cosas borrosas. Me siento alucinada, como si estuviera caminando sobre gelatina. Antes de hacerlo tenía mucho, mucho, muchísimo miedo. Felizmente, José Luis, Encarnita y Flora me hicieron sentir muy segura, cómoda y contenta. ¡Les doy las gracias! Siempre me parecieron personas increíbles y después de hablar con ellos comprobé de sobra que esto era así. Siendo mi primer vuelo no esperaba ver a mi hijo, ni siquiera saber de él; más bien, como sugería José Luis, lo tomé como un primer ejercicio para ver qué pasaba.

Y ¿qué fue lo que pasó? Pues nada menos que Diana me estaba esperando ahí, preciosa, inmaculada, vestida de blanco. Me llevó hacia una casa, me regaló un libro y, como si eso no fuera suficiente, me llevó a un hermoso jardín, donde aparecieron miles de niños. Ese sonido de niños riéndose, jugando, siendo felices, es indescriptible.

Vino hacia mí Lidia, con su vestidito celeste con faldita plisada, pidiéndome que la cargase, sonriendo con una sonrisa inigualable, contagiosa. La cargué; ella me jalaba los cachetes y se reía. ¡Todos los niños me miraban y estaban contentos de verme! Señalaban mi barriga —llevo siete meses de embarazo actualmente— y todos estiraban sus manitas sin tocarla, como enviándome energías positivas. Realmente, un lindo momento y un hermoso vuelo.

Pude ver a mi hijo, y al de la panza también. Pude ver a la Virgen y pude hablar con ella. Pude abrazar y besar a mi hijo, y pude comprobar que me ama. Me lo decía una y mil veces; me abrazaba del cuello y me besaba. Es indescriptible; no tengo cómo agradecer esta experiencia ni con qué compararla. Solo puedo dar las gracias a José Luis, Encarnita y Flora, también a Diana —que es una preciosura de muchacha— y a la Virgen por comprenderme, por quererme y por dignarse a hablar a esta su humilde servidora, quien guardaba tanto rencor, tanta bronca y tanta tristeza…

Carta de Ángel.

Ahora entiendo por qué el sábado, en mi vuelo, me dijeron que solo podía verlo un ratito: porque lo estaban preparando. ¡Y es que realmente estaba a dos días de nacer!

Es el bebé que Isa[bel] tuvo en brazos en su vuelo y es el que yo tuve en brazos en el mío. Es su carita. Es él y no hay duda. Isa me encargó que les transmitiera esta confirmación de su parte. Entré en la sala de operaciones, y apenas nació y lo vimos, dijimos al mismo tiempo: «¡Es él!».

Es una comprobación de experiencia tan maravillosa, tan milagrosa y mágica que no tengo palabras para expresar lo que se siente.

* * *

La experiencia de Olga.
Narrador: José Luis de la Rica.

Este vuelo lo hizo Olga, quien tiene en el azul a su hijo Agustín. Yo la acompaño durante los primeros minutos.

Vemos una cascada; hay mucha gente y viene a recibirnos. Los niños pequeños nos abrazan y nos acompañan a otro sitio. Está Agustín —el hijo de Olga—, quien me abraza y me dice:

—¡¡Por fin, macho!!

Seguimos por un camino y las flores se abren a nuestro paso. Al final hay una casita, donde hay una señora en una mecedora; es la abuela de Olga. Le dice a Olga:

—¡Hoy vienes con un amigo! ¿Sabes que este amigo te quiere mucho?; os une un amor muy grande.

Dentro de la casa está el padre de Olga. Dice que el abuelo está trabajando en el campo; que él vino a descansar un rato y ahora vuelve a ayudarlo. Que no sufrió en el accidente que le causó la muerte, que fue algo instantáneo. Que se cuiden entre los hermanos, que lo hacen muy bien, que están muy unidos y que está muy orgulloso de ellos. Que siempre los cuida.

Olga se emociona mucho… Pregunta por su tío, hermano de su madre, y dice que de vez en cuando lo viene a visitar, que también está muy bien, que no hay dolor.

Pregunta por Agustín, pero dice que no lo ve tanto, que está en otro plano más elevado.

Preguntamos por Elena [mi hija]. Mañana es su «cumplecielo»; hace diez años… Dice que sabe lo que mi mujer y yo hemos sufrido con su enfermedad y que siempre está con nosotros dándonos fuerza, y que Rober —su hermano— está junto a ella. Dicen que están bien, y que nos mandan mucha fuerza para estos días tan duros, en que los recuerdos nos abaten tanto.

Empiezo a recordar las últimas horas de vida de Elena. Cuando me quedé dormido con la cara sobre su manita ella ya estaba inconsciente; me dice que ya no estaba en su cuerpo, sino que estaba paradita a los pies de su cama, mirando como yo estaba junto a ella.

Preguntamos por Rafael —sobrino de Irene—. Se acerca y abraza a Olga. Da las gracias a su tía por lo que está haciendo; le dice que su padre no cree en todo esto, pero que le siga hablando, para que poco a poco vaya creyendo. Que ayude a su madre; que él manda mucha energía a Irene para que pueda ayudar a sus padres, porque ella está abierta, pero sus padres no. Que, por favor, insista, que les transmita a sus padres lo feliz que está él, para que comiencen a creer. Que sabe el dolor que ha dejado, pero que era su hora, se tenía que ir… Muestra a Olga una motocicleta. Entonces le pregunta a Irene si se fue en un accidente de moto y esta le dice que no, que iba en la bicicleta y tuvo una muerte súbita, que le muestra la moto porque esa tarde había quedado con Pilar para dar una vuelta en la moto. Rafael confirma que es eso lo que le quería decir… Olga entiende que le dice «tiita» a Irene, y Irene confirma que sí, que así la llamaba él. Abraza y besa a su «tiita favorita». Dice algo de una camiseta especial… y dice su tía que sí, que le habían regalado para su cumpleaños una camiseta que le gustaba mucho pero que no pudo estrenar, y que ella la tiene guardada. Le habla de un tambor; le dice que atormentaba a la familia con un tambor, y su tía dice que sí, que hacía mucho bullicio cuando era pequeño con el tambor… Dice que fue muy feliz en su tiempo en la tierra, que lo mimaban mucho… Dice que fue afortunado, porque no pudo haber tenido mejor familia que la suya… Dice que su tía cuide mucho de su abuela, que lo consentía mucho con las comidas, que nadie cocinaba como la abuela… Dice que le manda muchas señales a su tía y que ella percibe muchas de ellas. Dice que su madre es muy fuerte y que la quiere mucho. Olga le pregunta qué piensa del perrito que el padre le regaló a su madre y dice que él está mucho con ese perrito.

Mientras Olga va regresando, se acerca Gabriel, hijo de Antonio, y le dice a su padre que lo quiere mucho y que siempre está con él. Elena besa mi frente y me acaricia la cara.

* * *

El primer vuelo de Sol.

Esa noche estaba en horas bajas y me conecté al Skype. Como vi a José Luis conectado, lo llamé y le conté. Me dijo:

—Tú lo que necesitas es un buen meneo. ¿Cuándo puedes quedar?

Le contesté pensando en la semana próxima y me dijo:

—¿Te va bien ahora?

Yo me quedé paralizada, pues no sabía si sería capaz de hacerlo ni qué iba a pasar, pero me dije: «¿No es eso lo que querías?». Así que me lancé.

José Luis dirigió una relajación preciosa y me dijo que mirara con los ojos para dentro y no me cuestionara nada.

Me encontré en un camino dorado con paredes de cristal. Siguiendo las indicaciones de José Luis, salté hasta una nube y volé, hasta descender a un valle en el que había piedras y un río donde nadaban peces. Cogí uno y me lo puse cerca del corazón. Se hizo grande, me monté en él y nos fuimos volando. Le pregunté si me podía ayudar a encontrar a Armando. Me abrazó muy fuerte. Bajamos al valle otra vez y le pregunté si era un pez o una persona. Íbamos por el valle cogidos de la mano y de la aleta, claro. Le preguntaba si conocía a Armando y no me contestaba. Luego me abrazó muy fuerte y le pedí que se quitara el disfraz. Se lo quitó pero yo no veía quién era, hasta que le tomé la cara.

Se parecía mucho a Armando cuando era joven. No me decía nada; solo me abrazaba y sonreía. Le pregunté por mis padres y me llevó a una plaza, donde vi a mi madre.

Luego José Luis me preguntó si quería ver a Jesús, ¿os lo podéis imaginar? Pues allí estaba, como una luz brillante y muy grande que proyectaba paz y amor. Le pregunté por qué se había ido Armando y me contestó que era para que yo volviera otro día.

Le pregunté por los niños y vinieron muchos. Pregunté por el hijo de Aurora y allí estaba, con su pelo pincho —lo vi muy parecido a la foto—. Después también pregunté por Salva, el hijo de Berta. Él fue la única persona que pude distinguir bien. Estaba abrazando a su mamá.

Después de eso, Encarnita me llevó de vuelta a casa.

José Luis me contó que a veces, en los primeros encuentros, nuestros seres queridos adoptan formas de animales y no hablan, para no emocionar demasiado a la persona. En vida, Armando siempre me decía que yo era un pez, como broma; creo que por eso apareció así.

Durante toda la experiencia me sentí transportada y como viviendo en otro lugar. Fue increíble que eso me pasara a mí. Quedé totalmente llena de paz y amor.

Al día siguiente empecé a «comerme el coco» pensando que eran todo imaginaciones. Ya dudaba de todo, hasta que escuché el vuelo y una sensación de tranquilidad me invadió nuevamente.

* * *

Una experiencia en Burgos.
Narrador: José Luis de la Rica.

El vuelo lo hacía una chica de dieciocho años. Era su segunda o tercera experiencia. No estábamos en su casa, sino en la de una señora cuyo hijo también había fallecido.

Estaba conectando con varias personas —unas más cercanas que otras— cuando a la señora de la casa se le ocurrió preguntar por la hija de otra amiga que también está en el más allá. Cuando esa niña llegó, la chica la describió perfectamente, como después pudo y pudimos comprobar al ver su fotografía en el ordenador de la señora de la casa. Esto ha sucedido en varias ocasiones en los vuelos.

Ocurrió algo más mientras conectábamos con la niña: resulta que nada más establecer el contacto sonó el teléfono. ¿Casualmente?, era su madre. He de señalar que probablemente esta mujer no había llamado a esa casa más de tres o cuatro veces.

Pues bien, pusimos el auricular a la chica que hacía el vuelo, y de esta manera pudo la madre hablar con su hija a través de ella. También esto ya lo hemos hecho varias veces, pero en este caso sucedió algo especial: mientras la chica hablaba «veía» cómo la niña abrazaba a su madre. Las «veía» con tanta claridad que, así como describió a la niña, describió también a la madre. Ni que decir tiene que jamás las había visto.

Dos días después, estando yo presente, esta madre viajó hasta la casa de su amiga, que vivía en otra provincia. Cuando llegó, llamamos por teléfono a la chica que había hecho el vuelo.

¡Teníais que haber visto la expresión de su cara cuando vio a esta madre! Pero no fue solamente la impresión del primer momento, sino que durante todo el tiempo que estuvieron juntas pude observar cómo la muchacha miraba estupefacta a la mujer una y otra vez, sin poder dar crédito: ¡era la señora a quien había visto que abrazaba su hija que estaba en el cielo durante la experiencia de su vuelo!

* * *

El testimonio de Silvia.

No sé por dónde comenzar. Voy a contar cómo llegué al vuelo de la mariposa y qué significa para mí.

Hace dos años y medio partió mi hijita; había nacido hacía tan solo unos días. En ese momento me sentí devastada y dejé de creer en Dios; no podía creer tanta maldad por parte de él.

Con el paso de los meses entré en un grupo de ayuda a padres en duelo. Allí alguien mencionó el vuelo de la mariposa, guiado por Alejandra. No lo pensé ni dos minutos y contacté con ella. Me dijo amablemente que era bienvenida a la conferencia vía Skype, que hacían los viernes. Justo ese día era viernes. Le pregunté que si tenía que hacer algo especial y me dijo que no, que el amor me ayudaría.

Ese viernes no vi nada con la meditación —estaba demasiado nerviosa—; solo sentí una paz infinita. Pero una señora llamada María

José contactó con mi hija. Me dijo cosas que solo yo y mi marido sabíamos, y que mi hija estaba muy bien y feliz. Eso trajo paz a nuestros corazones.

Pero yo quería más; quería ser yo quien pudiera ver y sentir. ¡Ale[jandra] siempre decía que todos podemos ver y sentir! Al principio me frustraba al no poder ver nada. Mi mente se cerraba, sentía miedo y me dejaba llevar erróneamente por las cosas que me decían los demás, como por ejemplo «déjala ir», «déjala descansar», así que me bloqueaba. Hasta que un día Ale nos comentó que José Luis, el «creador» del vuelo, quería hacer un grupo y enseñar de manera más personal cómo experimentarlo.

Eso era lo que yo justamente estaba buscando y ese era el empujoncito que estaba esperando. Y así comenzó mi aventura.

El primer vuelo que realicé fue impresionante: sentí a mi hija, y vi a un sobrino y a mi hermana. La sensación es mágica, es amor puro. Me quedó la sensación de no saber si era cierto lo que vi.

En el segundo vuelo ya vi a mi hija; no claramente, pero sí la vi. Percibí olores, vi a unos jóvenes y hasta me dieron mensajes para sus mamás, que estaban presentes en mi vuelo. Luego, cuando vi las fotos de ellos, confirmé que lo que había visto era cien por cien real; no había sido un sueño.

En el tercer vuelo la cosa dio un giro inesperado, ya que ocurrió algo espectacular: vi a Jesús. Me acompañó durante mi vuelo —siento que él hizo que yo pudiera ver más claro— y por primera vez vi a mi hija con toda claridad. Debo decir que es hermosa. Me mostró lo feliz que es y me dijo que no la molesta que la visite; es más, que le gusta que lo haga.

Vi también a dos pequeñitos; uno de ellos lo vi muy claro. Más tarde también vi su foto y era él. Eso me confirmó y reconfirmó la veracidad de mis vuelos. Vi también a la Virgen, que me dio un hermoso mensaje. Me dijo que compartía el dolor de las madres al perder a sus hijos, pero que el tiempo de ausencia era corto comparado con el reencuentro.

Gracias al vuelo de la mariposa sé a ciencia cierta que existe la vida después de la muerte física. Sé que en ese lugar hay amor puro; lo he podido comprobar yo misma.

Y gracias al vuelo he podido recuperar la paz.

Siento que el vuelo puede ayudar a muchas personas. Hay que perseverar y dejar de pensar que es malo querer contactar. Si ellos no quisieran el contacto, simplemente no se dejarían ver. Pero están felices de que nos hagamos conscientes de que la comunicación entre ellos y nosotros se está dando, por más que desde este plano físico no nos demos cuenta.

He escuchado muy a menudo que «las cosas no pasan por casualidad», lo cual tiene ahora, para mí, más sentido que nunca.

Nuevamente, dar las gracias a Ale y a José Luis por la oportunidad que me han dado de poder vivir esta experiencia única. Y a quien lea este testimonio y aún no haya hecho el vuelo, lo animo a que se atreva: no hay nada que temer, y la tranquilidad con la que uno se queda es impagable. Si alguien me hubiese contado años atrás lo que se puede ver y sentir con los vuelos, habría considerado que esa persona estaba loca.

* * *

Experiencias con el vuelo de un padre evangelista
Presentación: José Luis de la Rica.

Podemos pensar que el hecho de que una persona cristiana y muy religiosa «crea experimentar» que habla con Jesús o la Virgen no nos dice nada acerca de la realidad o no de ese supuesto contacto. Sin embargo, este argumento no explica lo que le sucedió a Guillermo. Era evangelista y para él la Virgen «no era nadie». Por eso resultó sorprendente lo que le ocurrió en uno de sus vuelos: se encontró con la Virgen y, cuando le indiqué que la abrazara, experimentó un gran amor y se emocionó grandemente. Su motivación a «volar» fue el fallecimiento de su hija de ocho años. A continuación, nos describe ese vuelo.

Guillermo y la Virgen.

Gracias a Dios logré conectar con mi hija ayer lunes.

La verdad, lo necesitaba; estaba muy mal. Pero gracias a la grandeza de Dios pude hacerlo fácilmente. Les voy a contar lo que ocurrió, un poco resumido.

La verdad, fue muy diferente de las otras veces. Empecé con la relajación. Luego vi un jardín hermoso, pero era un poco diferente del que había visto en anteriores ocasiones. Estaba más iluminado y había en él muchas flores, muy amarillas; tantas que no se podía caminar. Y había muchas mariposas, que eran de luz y revoloteaban entre las flores.

En un momento dado empecé a desconectar. Cuando ya me iba visualicé una mano que me agarraba, y ¡qué sorpresa!, era mi nena. Llevaba puesto un lindo vestido amarillo del que salían destellos de luz; parecía un hada madrina.

Me puse a llorar de la emoción y me dijo que no llorara. Luego me abrazó y estuvimos así un rato. Después se puso muy contenta; me agarró la mano y empezamos a caminar por una llanura verde muy hermosa. Había mucha luz, amarilla, como la del sol. Le dije que me hacía mucha falta, que la extrañaba mucho, y me dijo que no me preocupara, que viera que estaba muy bien. Me dijo:

—Papi, estoy bien. Mírame, estoy contenta; estoy a tu lado. —Me mostró una ventana en una nube y dijo—: Piensa en mí y al instante estaré contigo. Mírame, aquí estoy; pendiente de ti.

Le pregunté por qué no la había vuelto a ver en mis sueños y me mostró unas nubes oscuras. Me dijo que una cortina negra le estaba impidiendo entrar en mis sueños.

Me dijo que me acostara tranquilo y así ella podría volver a entrar en ellos. Le dije que me gustaría saber qué hacía allá, en ese mundo hermoso, y me dijo que era profesora de niños y que a menudo le tocaba recibir a niños nuevos, a quienes luego entregaba a alguien mayor.

Le pregunté por sus amigos, y adivinen quién llegó primero: la hija de José Luis [de la Rica], Elena. Estaba hermosa; llevaba puesto un vestido blanco de primera comunión. Le dije que si quería enviarle algún mensaje a su padre y me dijo que lo quería mucho, que lo amaba, y que le dijera que había estado bailando con él. Y a Arturo, le había visitado; me pidió que le dijera que le hablaba al oído y le acariciaba la cabeza al pie de la cama del hospital. También me mostró un perrito pequeño y peludito al lado de la cama de José Luis. Le pregunté por el hijo de Dolores e inmediatamente me lo trajo. Llegó riéndose como nunca, y empezó a hacer trucos como de mago. Me sacó flores del bolsillo y me regaló una para mí, otra para mi esposa y otra para Rita. A Claudia le dio un beso en la mejilla. Luego empezó a tirar muchas flores rojas para arriba y fue formando la palabra MAMÁ con las rosas rojas que iba lanzando al aire. Me pidió que le dijera eso a su mamá, y que la amaba mucho y le enviaba muchos besos.

Después, mi nena tomó de la mano a Elena y al hijo de Dolores, y Elena me agarró de la mano, y fuimos volando por un hermoso valle. Aterrizamos en un camino lleno de luz amarilla, como la del sol, si bien no lastimaba los ojos. Nos sentamos al frente de esta luz. Se sentía mucha calma y vi la figura de la Virgen María, que tenía unos niños entre sus brazos. Llevaba puesto un manto azuloso. Me tendió la mano y les pasó un pañuelo a los niños. Era un pañuelo transparente, el cual me pasaron a mí, y me dijeron que lo pasara a mi esposa y se lo metiera en el corazón y se lo dejara allí. Luego sentí como si estuviera dentro del corazón de mi esposa. Sentí mucho dolor, demasiada amargura, y me puse a llorar.

Después mi niña me dijo que no me preocupara por el reencuentro y me mostró una casa, la misma que siempre me muestra. Me dijo que íbamos a vivir allí, que esperara mi hora; que mi hora sería primero y que le dijera a mamá que no se afanara tampoco, que esperara el tiempo de ella también. Luego me llevó por un camino, donde había una casa, y allí estaba la madre de mi esposa, la abuela de Claudia. Estaba dándoles de comer a unos pollos.

La abuelita me saludó y me indicó que le dijera a mi esposa que la nueva niña estaba muy hermosa y que no se preocupara por ella, que Dios la cuidaba mucho y que Él no permitiría que le pasara nada malo. En ese momento la abuela me tomó la mano, me llevó dentro y me enseñó la casa. Me mostró una habitación con varas de pesca en la pared y me dijo ese era el cuarto de mi hijo Andrés. Y me mostró al esposo de ella, que estaba sentado en la casa.

Luego nos fuimos de allí a una bella playa, con un mar azul muy hermoso, y empezamos a caminar agarrados de la mano entre el mar y la arena. Ahora, mi nena iba vestida con un hermoso traje hawaiano amarillo y llevaba una guirnalda amarilla en la cabeza, y empezó a bailar, contenta. Después seguimos caminando…

* * *

8
EVALUACIÓN Y REENCARNACIÓN

LA INTEGRACIÓN CONSCIENCIAL DE LAS EXPERIENCIAS

Lo que se ha descrito hasta el momento corresponde al primer nivel del Devachán, conocido como Rupa Loka en terminología teosófica, en el que las formas aún están muy presentes. Cubierto el paso por esta entrada, el Devachán cuenta con otros niveles. La esfera superior del Devachán es Arupa Loka, en que los seres ya no se expresan bajo ninguna forma.

La duración de la estadía en Rupa Loka es distinta según los Conductores. Los hay que desean entretenerse en la expresión de sus anhelos vitales, mientras que en el caso de otros estos anhelos tienen poco peso y no tardan en transcender la esfera de las formas.

El Conductor dotado de una bondad más extensa —el que no fijó sus afectos en determinados individuos o especialidades cuando estuvo en el plano físico— y de una mayor pureza pasa más rápidamente por Käma Loka —el tránsito— y Rupa Loka, hasta que, en Arupa Loka, ya se encuentra libre de cualquier personalidad.

En el nivel más elevado del Devachán, el alma desencarnada integra plenamente lo experimentado en la última vida desarrollada en el plano físico y se prepara a volver a este en una nueva encarnación.

Si bien en el momento del fallecimiento se produce una revisión instantánea de la propia vida, la integración de las experiencias vividas no se produce en ese momento; tampoco en el tránsito, y ni siquiera en el primer nivel del Devachán. Debe entenderse por integración de las experiencias vividas un proceso de análisis y examen de esas experiencias, por las que el Conductor toma consciencia de todo lo que conllevan; todo ese acervo vital queda convertido en alimento para el alma. Este examen consciencial de las experiencias es una autoevaluación que lleva a cabo el Conductor consigo mismo; no hay ninguna presencia enjuiciadora. Cierto tipo de autoevaluación tuvo lugar en Käma Loka, cuando el Conductor debió desprenderse de sus cuerpos emocional y mental; en el Devachán, el Conductor ya no realiza el examen de las experiencias desde el punto de vista de las cargas emocionales —las cuales han quedado atrás—, sino que las contempla desde el punto de vista del desarrollo espiritual que le aportan.

La integración llega a ser de tal calado que el Conductor llega a ver claro el encaje que tiene, lo que ha vivido en su anterior encarnación, con lo que ha vivido en el curso de sus encarnaciones anteriores. Cuando este proceso se ha completado, el Conductor se dispone a encarnar de nuevo con el fin de vivir en el plano físico determinadas experiencias que den continuidad a su proceso de realización. Para ello elaborará un plan de vida, comúnmente conocido como el «plan del alma», y elegirá un contexto vital que le permita desarrollarlo.

Reencarnación y evolución

La reencarnación hace referencia al hecho de que el Conductor toma sucesivos cuerpos perecederos con el fin de ir avanzando hacia capacidades de pensar y sentir más plenas y nobles. Ello se inscribe en un proceso evolutivo de despertar de la consciencia que implica que el alma pasa a habitar, progresivamente, estructuras corporales cada vez más complejas; esta necesidad evolutiva es la que impulsa, asimismo, la evolución biológica de las especies. La reencarnación y la evolución son la cara y la cruz de una misma moneda, y hay que considerarlas como inseparables y recíprocamente complementarias.

Aunque solo pensamos en la reencarnación en relación con las almas humanas, en realidad, como recuerda Jinarajadasa en su obra *Fundamentos de teosofía,* es un proceso que afecta a todas las modalidades de vida y se da en todo organismo: la vida de la rosa que muere vuelve a la correspondiente subdivisión del alma grupal de las plantas rosáceas para reencarnar luego en otra rosa; el perro que muere vuelve a su alma grupal canina y después reencarna en un perro de otra camada. Lo único que singulariza al ser humano es que no retorna en tanto que miembro de un alma grupal, ya que es una consciencia individualizada y, por lo tanto, separada.

En lo relativo al ser humano, la reencarnación implica dos hechos:

— Al nacer un niño no se crea un alma nueva para él, porque desde mucho antes existía el alma que en él encarna (de hecho, viene encarnando a lo largo de una cadena de vidas). En definitiva, el alma no «nace» junto con el cuerpo, sino que preexiste.

— El alma humana, antes de su nacimiento como niño, ha vivido ya en el plano terrestre como hombre o como mujer, pero no como animal o planta (al menos, no en épocas recientes. Su existencia como animal o planta se remonta al período previo a su individualización; a cuando formaba parte de un alma grupal, antes de ser una entidad permanente, autoconsciente e individual). Cuando ese ser humano muera y le corresponda volver a encarnar, lo hará como niño o niña, pero no como planta o animal. (Si fuese posible que un alma humana renaciese como planta o animal, el Conductor no adelantaría nada, en su proceso consciencial, con un paso atrás de tal calibre).

Comprendido lo anterior, cabe preguntarse: ¿qué es lo que reencarna? Para responder esta cuestión hay que recordar lo visto en la primera parte de este libro acerca de que el alma humana está integrada en el cuerpo causal. Este se halla compuesto de un tipo de materia que identificábamos con el aspecto mental superior, y debe su nombre —cuerpo causal— al hecho de que recoge las relaciones de causa y efecto de las vidas pasadas —lo cual guarda relación con el karma, del que se hablará en el próximo capítulo—.

Para el alma no hay nacimiento, niñez, vejez ni muerte; es inmortal, y va creciendo en cuanto a su poder de amar, pensar y obrar con el transcurso de los siglos. Vive exclusivamente para adiestrarse en algún aspecto de la vida por medio de las experiencias. Su destino último es la felicidad suprema, la cual alcanza cuando se integra a cooperar en la realización del plan evolutivo y divino.

El Conductor procede de esta forma para poder encarnar:

— Atrae materia del plano mental inferior y forma con ella el cuerpo mental, que le servirá para pensar (es decir, para traducir el mundo exterior de los fenómenos a pensamientos que le permitan entenderlo y actuar en él).
— Atrae materia astral y forma con ella el cuerpo astral, con el cual podrá sentir (es decir, el mundo fenoménico podrá suscitarle deseos y emociones personales).
— Se provee de un cuerpo biológico apropiado para obrar en el plano físico.

Cuando el ser humano fallece, la denominada muerte no afecta en lo más mínimo al alma ni, por extensión, al Yo Superior o Conductor. Como ya se ha visto, el alma desecha progresivamente el cuerpo físico, el etérico, el emocional y el mental hasta que acaba por reintegrarse plenamente en el cuerpo causal. Cuando esto acontece vuelve a hallarse, por decirlo así, en su domicilio, aunque nunca lo abandonó en realidad, pues el Conductor no hizo más que enfocar algo de su consciencia y voluntad en los vehículos del cuaternario perecedero.

Cabe mencionar tres circunstancias especiales que se dan en el ámbito de la reencarnación. Una de ellas es que los niños pequeños que mueren reencarnan después rápidamente. Casi siempre ocurre esto, aunque hay excepciones. Con frecuencia se da el caso de que los padres son los mismos, y la madre queda embarazada de nuevo al cabo de dos o tres años de la pérdida anterior. La nueva encarnación sigue luego su curso normal.

La otra circunstancia es la siguiente: si bien la mayoría de los Conductores necesitan morar en el Devachán, hay casos excepcionales en los que un desencarnado suficientemente avanzado desde el punto de vista de la evolución espiritual puede renunciar al Devachán y tomar una serie de encarnaciones rápidas sin intervalos apreciables entre ellas. En estos casos, el Conductor renuncia al Devachán de forma voluntaria por amor a la humanidad.

La tercera circunstancia es exactamente la contraria de la anterior: es el caso excepcional de aquellos Conductores que, como se explicaba en la segunda parte, reencarnan sin haber pasado por el Devachán... pero no a causa de su bondad, sino porque no se han desprendido de sus componentes emocionales y mentales, extraordinariamente cargados, en el transcurso de una gran cantidad de tiempo.

Los pactos de amor entre almas

En la integración de las experiencias que tiene lugar en el nivel superior del Devachán se vivencian las relaciones de causa y efecto que tuvieron lugar en la vida física anterior. Y el Conductor no solo toma consciencia de aquello que le incumbe directamente, sino que también pasa a saber qué impacto tuvieron sus experiencias sobre las personas de su entorno, principalmente las que fueron sus seres queridos. Se da cuenta entonces de que sus vivencias no solo tuvieron pleno sentido en función de su desarrollo consciencial y evolutivo, sino también del de esas personas. Entonces el Conductor comprende que los distintos procesos están interconectados y que no existe el azar a este respecto, sino que distintos Conductores suscriben pactos de amor, antes de encarnar, con el fin de ver potenciados sus procesos respectivos.

Ello permite comprender por qué a veces uno mismo, o un ser querido, ha vivido una experiencia muy dura —una enfermedad degenerativa, un accidente incapacitante, etc.—. A veces el Conductor encarnado no vive esa experiencia para impulsar su propio proceso solamente, sino también con el fin de ejercer un impacto sobre las personas cercanas: se producen las típicas situaciones en las que «se les rompen los esquemas» a las personas, de forma que se les hace muy difícil seguir con sus patrones habituales de pensamiento y comportamiento.

Las formas de morir también guardan relación con estos efectos. Es evidente que no es lo mismo fallecer de resultas de un accidente de tráfico, pongamos por caso, lo cual implica un verdadero golpe emocional para los seres allegados, que elegir morir como consecuencia de una enfermedad progresiva, que obligue a los familiares a prestar una serie de cuidados y que dé pie a una forma especial de convivencia en el tramo final de la vida del enfermo.

A veces, incluso, lo que le ocurre el Conductor puede tener mayor relación con los demás que con él mismo. Por ejemplo, si un niño muere de cáncer a muy corta edad, tal vez esa experiencia no sea especialmente relevante para el desarrollo consciencial y evolutivo de ese Conductor, pero sí lo es por el impacto que se produce en su ámbito familiar: los Conductores de esa familia recibirán un impacto de tal calibre que repercutirá en la forma que tienen de ver la vida. Recuerda que se incluía, al inicio del capítulo tres, el caso de Elisa, en que el alma de esta niña, fallecida con seis meses de vida, manifestó a Perséfone que había muerto a tan corta edad porque tenía muy poco que aprender de esa encarnación y porque estaba al servicio del aprendizaje de su familia.

Estos son ejemplos de interacciones que se dan en el contexto del pacto entre almas, sin duda dramáticos; están también aquellas interacciones cotidianas que, aunque tienen una enjundia mucho menor, son también importantes, por las interacciones conscienciales a que dan lugar.

La expresión «pactos de amor entre almas» ha sido usada, a lo largo de la historia, por diversas escuelas y tradiciones espirituales. El fundamento de la misma es el hecho de que los Conductores que encarnamos en seres humanos no desarrollamos las sucesivas reencarnaciones de modo «individual», sino integrados en grupos fraternales que suscriben esos pactos y encarnan de común acuerdo. Los miembros de estos grupos asumimos distintos roles entre nosotros, que cambian de una encarnación a la siguiente.

Tras producirse la integración total de las experiencias por parte del alma —que incluye el encaje de las experiencias de la encarnación anterior con las experiencias de las vidas previas—, el Conductor tiene claro qué rumbo debe tomar a continuación en su periplo evolutivo, y entonces procede a elegir las circunstancias pertinentes en relación con su próxima vida física. Esta elección incluye los pactos de amor con otros Conductores, que serán sus acompañantes y colaboradores en el desarrollo de sus futuras experiencias en el plano terrestre. De ello se desprende que los hijos eligen a sus padres.

Sé que admitir esto se les hace difícil a las personas que han tenido padres maltratadores o abusadores. ¿Cómo podría alguien elegir un padre violador o una madre alcohólica, por ejemplo? Pues resulta que sí efectuamos estas elecciones. No elegimos a los padres en función de su revestimiento físico ni de su calidad como personas; elegimos una determinada familia porque, tanto si nos va a proveer de un entorno estructurado como si no, nos ofrecerá el hábitat que nos permitirá vivir las experiencias que queremos vivir.

Aunque en nuestra realidad corpórea y en nuestra memoria mental no tengamos el recuerdo de ello, la memoria y dimensión transcendente sí conocen lo que es el pacto de amor entre almas. Muchos individuos saben incluso, de manera intuitiva, lo que este representa y cuáles son sus principales señas de identidad.

Una de estas señas es que los pactos de amor incorporan una especie de red de seguridad que consiste en lo siguiente: las vivencias que se van a tener deberán ser soportables por parte de quienes las experimenten. Por más intenso, doloroso o desconcertante que sea lo que vivas, estás capacitado para sobrellevarlo. Ningún ser humano experimenta lo que no puede soportar.

Otra seña de identidad de los pactos de amor es que el Conductor que esté viviendo la experiencia más gozosa desde la óptica espiritual es aquel que asumirá —dentro del reparto y la distribución de las experiencias— la vivencia que conllevará mayor sufrimiento desde la perspectiva del mundo material —por ejemplo, será el Conductor que experimentará una muerte temprana debida a accidente o enfermedad con el fin de provocar en sus seres queridos determinados efectos conscienciales—.

Cuando, tras sus respectivas vidas físicas, los Conductores firmantes del pacto se reencuentran en el Devachán sopesan juntos y en armonía la interacción que han mantenido en el plano físico y sus frutos, y consideran la posibilidad de un nuevo pacto.

9
El viaje del Peregrino

La «vida» y la «muerte»: una alternancia necesaria

El objetivo de este capítulo es acabar de ofrecer una visión global del significado de la vida, la muerte y la reencarnación dentro del contexto más amplio de la evolución consciencial que experimentamos en tanto que Conductores. O, por formularlo más brevemente: quiénes somos, de dónde venimos y adónde vamos.

Empecemos con una pregunta fundamental: ¿es real el mundo en el que vivimos o es una mera ilusión? ¿Es más real el Devachán que el plano en el que estamos viviendo u ocurre lo contrario? En un sentido metafísico todos los fenómenos son literalmente «apariencias»: son máscaras externas con las que la realidad una se manifiesta en el universo. Dicho esto, cabe tener presente que cuanto más «material» y sólida es la apariencia, más lejos se halla de la realidad, y más ilusoria es. Como ha escrito el eminente físico Michio Kaku en el prefacio de su obra *Hiperespacio,* «si apariencia y esencia fuesen lo mismo, no habría necesidad de ciencia». Ni de filosofía, ni de espiritualidad...

Al hilo de ello, cuanto menos sumergido esté el ser humano en la materia y más consciencia tome de su Yo Superior, más real será su vida. Y cuanto más se desidentifique de las vestiduras que tomó al encarnar —esto es, de sus cuerpos físico, etérico, emocional y mental—, más cerca estará de reconocer su naturaleza imperecedera —constituida por el alma humana, el alma universal y el Espíritu—.

El Yo Superior, por medio de proyectar parte de sí mismo en cada encarnación, se sumerge en la vida física durante cortos períodos para ganar experiencias que de otro modo no podría obtener. Tras el fallecimiento de la persona se lleva consigo esas experiencias para enriquecer su condición permanente.

Como expone metafóricamente Annie Besant en *Formas de vida después de la muerte,* así como un buzo se sumerge en las profundidades del océano para buscar una perla, del mismo modo se sumerge parte del Yo Superior —el alma, para abreviar— en el fondo que es la vida física para buscar la perla de la experiencia; pero no permanece allí por mucho tiempo, pues no es su hábitat natural: arroja de sí los elementos más pesados y vuelve a elevarse al lugar al que pertenece.

El fallecimiento físico facilita esta desidentificación, aunque no la asegura, pues, como se ha dicho, todo dependerá del estado de consciencia del desencarnado en el momento de iniciar el tránsito y de la mayor o menor sutilidad de sus componentes emocional y mental. En cualquier caso lo normal es que el alma acabe por desprenderse del cuaternario inferior y acceda al cielo o Devachán. Tras morar en los niveles inferiores del plano de luz, el Conductor integrará finalmente las experiencias de la vida anterior y se dispondrá a encarnar nuevamente.

Este proceso se inscribe en una dinámica evolutiva continua. En relación con ella, Annie Besant habla del «eterno Peregrino», y nos propone una bella metáfora —el texto se ha adaptado ligeramente para una mejor comprensión—:

> *Antes de iniciar su nueva peregrinación —pues muchas otras ha dejado tras sí en el pasado, durante las cuales ha obtenido el poder de pasar por la presente— es un dios, es un ser espiritual, pero que ha pasado ya fuera de la condición pasiva de espíritu puro. Por medio de las experiencias anteriores que ha tenido en la materia en edades pasadas, ha llegado a tener inteligencia y una mente propia y consciente.*

Pero esta evolución por medio de la experiencia está lejos de ser completa: aún no es el dueño de la materia. Su ignorancia le hace ser presa de las ilusiones de la materia grosera tan pronto como se pone en contacto con ella, lo cual hace que no esté en condiciones de ser un constructor de universos. La materia engaña su vista; le ocurre como al niño que mira a través de un trozo de cristal azul y se imagina que todo tiene este color.

El objeto de un ciclo de encarnaciones es libertarlo de estas ilusiones, de manera que cuando se halle rodeado de materia grosera pueda conservar la visión clara y no verse cegado por la ilusión. Ahora bien, el ciclo de encarnaciones está formado por dos estados que alternan: uno corto, llamado vida en la tierra, durante el cual el Dios Peregrino está sumergido en la materia grosera; y otro relativamente largo, llamado vida en el Devachán, durante el cual está rodeado de materia etérea, todavía ilusoria, pero mucho menos que la de la tierra. Este segundo estado puede en justicia llamarse su estado normal, dado que es de una duración enorme en comparación con las interrupciones del mismo —es decir, en comparación con los períodos que pasa en la tierra—. También es su estado normal en el sentido de que es menos ilusorio: estando menos alejado de su vida esencialmente divina, está menos aprisionado en la materia y se ve menos engañado por los cambios aparentemente rápidos de esta.

Lenta y gradualmente, por medio de experiencias reiteradas, la materia grosera va perdiendo su poder sobre él, y de tirana se va convirtiendo en su servidora. En la libertad parcial del Devachán asimila las experiencias que ha tenido en la tierra, aunque todavía se encuentra dominado en parte por ellas. Al principio, de hecho, está casi completamente dominado por las mismas, de modo que la vida devachánica es para él, tan solo, la continuación sublimada de la vida terrestre. Pero gradualmente se libera más y más, a medida que va reconociendo las experiencias que tiene en la materia como transitorias y externas. Finalmente, puede moverse por cualquier región de nuestro universo con una consciencia propia no interrumpida. Entonces ha pasado a ser un verdadero Señor de la Mente, un Dios libre y triunfante. Pasa a dominar la naturaleza divina manifestada en la carne; adquiere el dominio de todas las formas de la materia, que se convierten así en un instrumento obediente del Espíritu.

La misma idea puede exponerse también de la forma siguiente: el Yo Superior del ser humano se mueve en la eternidad como un péndulo entre las horas en que vive en la tierra —encarnado— y las horas en que vive en planos más sutiles —desencarnado—. Esta alternancia es limitada dentro del conjunto de la eternidad, es decir, tiene un principio y un fin; sin embargo, el Peregrino espiritual en sí es eterno.

Los intervalos mencionados hacen un servicio al Yo Superior: le permiten vivenciar experiencias de individualidad en el curso de las cuales va perfeccionándose constantemente; de modo que, de forma muy lenta pero inexorable, recorre el camino que acaba por conducirlo a su última transformación: aquella por la cual se convierte en lo que siempre fue, un Ser puramente divino.

La alternancia entre los períodos de encarnación y desencarnación no solo contribuye a la consecución de esta meta, sino que es imprescindible para que el Yo Superior individualizado pueda alcanzarla. Él es el actor, y sus numerosas y distintas encarnaciones son los papeles que va representando. Muchos de estos papeles le resultan desagradables; pero así como una abeja recoge cierta cantidad de polen de cada flor y deja el resto para alimento de los gusanos de la tierra, la Individualidad espiritual recoge solo el néctar de las cualidades y la consciencia moral que ha desarrollado cada personalidad terrestre de la que se ha revestido. El Yo Superior, obligado por el karma, acaba por unir las distintas cualidades que ha cultivado en una sola, y se convierte entonces en un ser perfecto, en un Dhyan Chohan.

Annie Besant señala que, en la asimilación de cualidades que tiene lugar tras cada encarnación, es muy significativo el hecho de que cada grado devachánico está condicionado por el grado terrestre que le ha precedido. Esto quiere decir que el desencarnado solamente puede hacerse suyas, en el Devachán, las experiencias que ha vivido en el plano físico. Aunque no pueda entrar ningún elemento corrupto en el plano de luz, una personalidad incolora e insignificante se traduce en una presencia incolora y poco acentuada en el Devachán.

En el cielo se recogen los efectos de la vida terrestre, y no se puede recoger más cosecha que la que se ha cultivado. Si se ha sembrado poco, la cosecha devachánica será escasa; y el desarrollo consciencial del Conductor se retardará a causa de los exiguos alimentos con los que podrá nutrirse. De aquí la importancia que tiene la vida terrestre, que es el campo de la siembra. Hay que cuidar con perseverancia la semilla y la espiga —es decir, persistir en el trabajo interior y en la acción correcta— para obtener una buena «cosecha de experiencia».

Se podría decir que, con esa cosecha, en el Devachán se hace el pan, el cual, a su vez, constituirá el alimento del Conductor en su siguiente encarnación. O, en una analogía que propone Besant, en la vida física se obtiene el mineral en bruto que el Conductor forjará como espada en el Devachán, la cual, a su vez, le servirá para «batallar» en su siguiente vida en la tierra. En ambas analogías, la cantidad y calidad de la materia prima depende de lo obtenido en la estancia en el plano físico.

Por fortuna, el «cuidador de la espiga» no está nunca abandonado a su suerte. No estamos «solos» en la tierra, en el sentido de desvinculados de la parte divina y desasistidos de esta. Mientras no alcancemos cierto grado de desarrollo evolutivo, podemos tener la impresión de que esto es así, pero cuando una persona pura y ansiosa de espiritualidad busca con ardor la luz, este trabajo hacia lo divino es correspondido por la naturaleza superior y la luz de lo alto fluye hacia abajo e ilumina la consciencia inferior. Entonces la mente inferior se une con la parte del Yo Superior que nunca abandona los espacios sutiles, el cual le transmite la parte de conocimiento que esa mente pueda retener.

El papel del karma

La ley del karma o de la compensación —o de la retribución— es la relación de causa y efecto generada por nuestras acciones, lo cual va ligado a la responsabilidad que tenemos respecto a cada una de ellas. Para comprender el profundo significado del karma, hemos de empezar por reconocer que estamos hablando de la fuerza y sus efectos. Esta fuerza puede pertenecer al mundo del movimiento —el mundo físico—, al del sentimiento —el mundo astral— o al del pensamiento —el mundo mental—. Está claro que, como seres humanos, hacemos uso de estos tres tipos de fuerzas.

Aspirar, soñar, planear, pensar, sentir, obrar... significa poner en movimiento las fuerzas de los tres mundos; y, según el uso que hagamos de ellas, ayudamos o estorbamos a la vida —la nuestra y la de la totalidad—. O, lo que es lo mismo, contribuimos o no al plan evolutivo de la naturaleza y la divinidad. Cuando ayudamos a este plan, nuestra actuación es «buena»; cuando lo estorbamos, es «mala».

Cabe recordar que el ser humano no es un individuo aislado, sino una unidad dentro de una humanidad compuesta por millones de sujetos. Y, en tanto que distribuidor de la fuerza, cualquiera de sus pensamientos, sentimientos o acciones afecta a cada uno de sus semejantes —cuanto más directamente sea el otro el destinatario de la fuerza aplicada, en mayor medida se verá afectado—. Ahora bien, cada uso que hace el ser humano de la fuerza tiene que producir un resultado en él mismo, el cual se concreta como acción y reacción. Todo agravio realizado es una fuerza lanzada al universo que obra en detrimento de otro, lo cual perturba el equilibrio entre el emisor y el receptor del agravio. Este equilibrio deberá restablecerse a costa de quien perturbó el equilibrio —es decir, de quien produjo el daño—. El karma por el daño ocasionado es algún tipo de sufrimiento que acaba por conducir al restablecimiento del equilibrio original. Lo mismo ocurre con las buenas acciones: el karma o reacción correspondiente a una buena acción es una fuerza que combina las circunstancias materiales de tal forma que la persona obtiene algún tipo de bienestar.

Además, en el universo bien regulado en el que vivimos, cada tipo de fuerza opera en su propio mundo: una persona puede dar limosna a un mendigo por compasión y simpatía y otra para librarse de la molestia que le causa. Ambas realizan una buena acción y el karma les deparará algún bienestar en el terreno físico. Pero el primer individuo recibirá, además, un retorno kármico positivo adicional en el mundo astral a causa de su piedad y su simpatía, el cual le producirá una emoción de dicha; en cambio, el otro individuo no obtendrá este beneficio. Otra posibilidad es que la persona no pueda dar nada al mendigo pero experimente compasión y simpatía por él; este individuo obtendrá una emoción de dicha como retorno, pero no bienestar físico.

Basta con que echemos una mirada a nuestro entorno para que nos demos cuenta de que en la mayor parte de las vidas hay más karma «malo» que «bueno». Es decir, el conjunto de nuestra actuación como seres humanos está más acompañada por el enojo y el pesar que por la placidez y la alegría. En el estado actual de la evolución humana, hay más de penoso que de agradable en el depósito de fuerzas acumuladas por cada uno de nosotros.

Afortunadamente, al recoger el ser humano su cosecha, un cuidadoso arreglo de las fuerzas kármicas permite como resultante final una adición, aunque sea pequeña, a las acciones «buenas». Si al nacer se pusieran en juego todas las fuerzas kármicas del «bien» y del «mal», al ver que nuestro capital del mal es mayor que el del bien nos agobiaría tanto la pesadumbre que apenas nos quedaría ánimo para combatir en la lucha de la vida. A fin de que podamos luchar y vencer —es decir, obtener alguna ganancia para el lado «bueno»—, cada Conductor obtiene un cuidadoso ajuste de cuentas antes de proceder a encarnar de nuevo, con el fin de que el karma que genere como ser humano pueda ser suficientemente positivo como para que ello le ayude a dar un paso más en su proceso evolutivo.

El karma determina cómo va a ser la vida del Conductor tanto en el plano terrestre como en el Devachán. En este último preponderan absolutamente los efectos kármicos «positivos», mientras que los «negativos» quedan apartados hasta la próxima encarnación, en que el Conductor tendrá que pagar por sus actos.

En el Devachán, el Conductor separa y clasifica sus experiencias, por decirlo así. Tiene una vida relativamente libre y va adquiriendo el poder de dar a las experiencias terrestres su verdadero valor. Como veíamos en el capítulo seis, ahí lleva a la práctica, como realidades objetivas, todas las ideas que en la tierra concibió de forma germinal. Cualquier aspiración noble que tuviera el Conductor en la tierra es un germen que convertirá en una espléndida realidad en el Devachán. En su próxima encarnación traerá consigo al plano terrestre la imagen mental de la misma, que materializará cuando se le presente la oportunidad y se den las circunstancias propicias para ello.

El Conductor es como un arquitecto que traza su plan en el silencio y en la meditación profunda y luego lo hace aparecer en el mundo exterior; ahí construye su edificio. Con los conocimientos adquiridos en su vida anterior, dibuja sus planos para la próxima y vuelve a la tierra para dar forma material a los edificios que ha planeado.

De nuevo al plano físico

Finalmente, se agotan las causas que llevaron al Conductor al Devachán. Por fin ha asimilado las experiencias adquiridas y empieza a sentir de nuevo la sed de vida material, de experimentar a través de los sentidos, lo cual solo puede realizar en el plano físico. El Yo Superior está entonces listo para volver —para reencarnar— y trae consigo la experiencia que ha elaborado en el Devachán, así como cualquier otra adquisición que haya hecho en el plano de luz en el campo del pensamiento abstracto. Pero al cruzar el vestíbulo del Devachán en el momento de salir del mismo —es decir, en el momento de «morir» en el Devachán para renacer en la tierra—, encuentra en la atmósfera del plano terrestre las semillas del mal sembradas por él en su vida precedente. Y es que el Conductor no puede evitar asumir la carga de su pasado…

Durante el reposo devachánico, el Conductor se ha encontrado libre de todo dolor y de toda pena; pero el mal que hicieron sus personalidades en el pasado ha permanecido en un estado de suspendida animación —no de muerte—. Y así como las semillas sembradas en otoño para que se activen en primavera permanecen dormidas bajo la superficie del suelo hasta que la lluvia y el calor permanente del sol hacen que empiecen a eclosionar, las semillas del mal —las relaciones de causa y efecto de baja frecuencia vibratoria— que hemos sembrado permanecen dormidas mientras el Conductor reposa en el Devachán, pero extienden sus raíces en la nueva personalidad que acude a habitar un nuevo cuerpo.

Y el ciclo de nacimientos y de muertes continúa; sigue girando la rueda de la vida, hasta que la obra se termina —hasta que el edificio que es el ser humano perfecto se completa—.

El nirvana

Indica Annie Besant que lo que es el Devachán en relación con cada vida terrestre, es el nirvana en relación con el ciclo de reencarnaciones que ha terminado. Sin embargo, ningún concepto humano puede llegar a explicar lo que es el nirvana, ni hacer otra cosa que desfigurarlo al intentar describirlo. Lo que puede decirse, aunque imperfectamente, es que no constituye un «aniquilamiento» o destrucción de la consciencia. Todo lo que pueden expresar las palabras es que el nirvana es un estado sublime de reposo consciente en la omnisciencia.

No se me ocurre un mejor colofón para este libro que una bellísima experiencia relatada por Lourdes Tornos de conexión con un ser altamente evolucionado, la cual nos da una idea de lo que nos aguarda una vez que logremos alcanzar cierto grado de maestría. En este caso, contrariamente a casi todos los anteriores, no se ha alterado ningún dato identificativo.

* * *

El padre Moratiel.
Maestro de meditación.

Comparto una experiencia de contacto desde el plano de luz hacia mi propia persona por parte de un ser que, cuando vivió en el mundo, se llamó José Fernández Moratiel —conocido por todos como el padre Moratiel—. Era un sacerdote dominico que dedicó su vida al silencio; creó la Escuela del Silencio, en que lo abordaba desde la experiencia del cristianismo y el zen.

Establecí contacto con él en el año 2001, como fruto del ansia profunda que tenía de adentrarme en la meditación y el silencio.

Ya el primer día que estuve en un retiro que él dirigía empecé a tener experiencias muy potentes, incluso hallándome sola en la sala de meditación o en el dormitorio.

En todos los retiros a los que asistí tuve experiencias maravillosas de conexión con mi esencia; traspasaba los planos físicos y, sobre todo, los mentales, y entraba en experiencias de vacuidad. En los retiros había sesiones de meditación y espacios de enseñanza; estos últimos se me fueron haciendo aburridos con el tiempo, por la falta de novedad.

El padre Moratiel murió en febrero de 2006. Tiempo antes de su fallecimiento yo me había distanciado y hacía prácticamente un año que no asistía a sus retiros, hasta que decidí apuntarme a otro.

Sabía de la delicada salud del padre, que había estado ingresado en varias ocasiones por problemas cardíacos, pero nada permitía presagiar que su fin estaba próximo. Acudí con muchas ganas al retiro, porque aunque hacía tiempo que no asistía me sentía siempre muy conectada con la presencia del padre y con su voz, y practicaba el silencio cotidianamente. También estaba muy presente en mi vida con sus libros.

Fue el hecho de que se me hiciesen aburridas las enseñanzas lo que me había llevado a distanciarme de los retiros durante unos meses. Además, él tenía partes humanas con las que no acababa de comulgar; al fin y al cabo era sacerdote, y yo ya estaba realizando un cambio a otros niveles de consciencia en los que tenía presentes la reencarnación y los saltos cuánticos, por ejemplo. Aún no estaba en la consciencia del despertar, pero sí que abordaba ámbitos en los que el padre Moratiel no se adentraba.

He comentado todo lo anterior para que se vea la diferencia en cuanto a mi vínculo con él antes de su muerte y después de la misma.

Cuando llegué a la casa de ejercicios me dijeron que el retiro se había suspendido porque el padre Moratiel había fallecido. Pedí quedarme en la casa y me dijeron que no era posible, y me fui al Mas Blanc, una masía que está en Sant Martí de Centelles —Barcelona— atendida por una religiosa. Pero me dijeron que no podía quedarme; que no podía ir hasta el viernes por la tarde. Así que ese día lo pasé como pude; estuve en casa de una familia, pero sola. El viernes fui al Mas Blanc y el sábado entré en meditación profunda. Y supongo que el estado de shock *en el que me encontraba por la súbita noticia de la defunción del padre facilitó lo que habría de experimentar.*

Me senté en mi banqueta en la sala de meditación. Estaba sola en ese espacio, si bien tenía presente al padre Moratiel. Pero lo que sucedió fue algo inesperado: a mi derecha sentí, de una forma totalmente física, que estaba sentado el padre Moratiel meditando a mi lado.

Lo maravilloso fue que su presencia tenía tanto poder, tanta luz, que de alguna forma me sobrepasó; no pude mantener el estado de alerta por el que uno está presente mentalmente en lo que vive, sino que me fui adentrando en un espacio de infinito amor, en que la presencia del padre era cada vez más física y me transportó a una pérdida de consciencia del tiempo y el espacio.

No recuerdo absolutamente nada de lo que viví en ese lapso. Lo que sí recuerdo es que ya no tenía a mi lado a un sacerdote cristiano, a un ser que tenía una forma, unos ademanes y una determinada cultura; ni siquiera a una persona que se había formado en el zen. En lugar de ello tenía a mi lado a un gran maestro elevado, con una presencia magnífica y poderosa, que me transportaba a dimensiones que estaban más allá de lo que en ningún momento pude experimentar meditando a su lado. Me condujo a la vivencia de una experiencia cósmica increíble.

Desde entonces, me he sentido totalmente vinculada al padre Moratiel de una forma muy distinta a como me había sentido vinculada con él cuando ambos estábamos en el plano terrenal. Empecé a llamarle maestro.

No sé qué proceso tuvo lugar que hizo que en solo dos días se estuviese manifestando totalmente desde la luz. Era como si se hubiese despojado de la densidad a todos los niveles y se hubiese activado enseguida, con su muerte, la luz que estaba dentro de su ser. Era como si, de alguna forma, hubiese pasado instantáneamente al plano de luz

—sin pasar por el tránsito— y le hubiese sido concedido conectar con mi persona, no sé por qué motivo.

Este episodio me enseñó que la maestría que somos está oculta a nuestras propias consciencias, a nuestros propios ojos, y también a las consciencias y los ojos de aquellos con quienes compartimos la vida. Es como que esa luz solo se manifiesta en su plenitud una vez que hemos dejado este plano.

* * *